デジタル記念館
慰安婦問題とアジア女性基金

村山富市 / 和田春樹　編

青灯社

ごあいさつ

「わが国は、遠くない過去の一時期、国策を誤り、戦争への道を歩んで国民を存亡の危機に陥れ、植民地支配と侵略によって、多くの国々、とりわけアジア諸国の人々に対して多大の損害と苦痛を与えました。私は、未来に過ち無からしめんとするが故に、疑うべくもないこの歴史の事実を謙虚に受け止め、ここにあらためて痛切な反省の意を表し、心からのお詫びの気持ちを表明いたします。また、この歴史がもたらした内外すべての犠牲者に深い哀悼の念を捧げます。」

　私は敗戦50周年、1995年8月15日に出した内閣総理大臣談話の中で、以上のように表明しました。その日の朝、全国紙6紙に、戦争の時代に慰安婦とされた人々に対する国民的な償いの事業をおこなうアジア女性基金の国民のみなさまへのよびかけが発表されました。

　そこで活動を開始したアジア女性基金は、政府と国民の協力により慰安婦とされた方々に対する償い事業を、現代世界における女性の名誉と尊厳にかかわる問題に対するとりくみとともに、すすめ、2007年3月をもって活動を終えるにいたりました。

　私たちは、慰安婦問題にかんする私たちの認識と基金の償い事業の歩みを記録して、歴史の教訓とするために、デジタル記念館「慰安婦問題とアジア女性基金」を立ち上げることにしました。ここを訪れる方々がこの歴史を忘れることなく、アジアと世界において、和解と協力のために努力する気持ちをかためてくださるようにお願いいたします。

2007年3月

財団法人　女性のためのアジア平和国民基金理事長

村山富市

進む ▶

ご案内

ごあいさつ

第一室：日本軍の慰安所と慰安婦
- 慰安婦とは／慰安所と慰安婦の数／慰安所の生活
- 慰安婦にされた女性たち
  - フィリピン／韓国／台湾／オランダ／インドネシア／その他の国々

第二室：日本政府の対応とアジア女性基金の設立
- 慰安婦問題が明らかになるまで
- アジア女性基金の誕生と事業の基本性格

第三室：アジア女性基金の償い事業
- 各国・地域における償い事業の内容
  - フィリピン／韓国／台湾／オランダ／インドネシア
- 被害者の声
- 拠金者からのメッセージ
- 基金事業にかかわった関係者の回想
- アジア女性基金の解散とその後

第四室：慰安婦問題と償い事業をめぐる国内外の議論
- 国連等国際機関における審議
- 「慰安婦」訴訟の経緯
- 補償に関する立法の試み

第五室：アジア女性基金の女性尊厳事業
- 女性尊厳事業　趣旨と効果－関係者による座談会
- 事業内容－啓発／支援／交流／調査研究

文書庫
- 慰安婦関連歴史資料
- 基金事業関連資料
  - 日本政府およびアジア女性基金の文書
  - アジア女性基金の理事会議事録および資料
  - アジア女性基金が制作した出版物やビデオ

当記念館で述べられた「慰安婦」問題に関する見解は、すべてアジア女性基金の責任においてまとめられたものです。

【第一室】

日本軍の慰安所と慰安婦

　この部屋では、戦争の時代に慰安所がどのような考えでつくられ、そこにどのようにして慰安婦が連れてこられたかを歴史資料に基づいて明らかにします。
　次に慰安所はどれぐらいあったのか、慰安婦の数はどれぐらいになるのかを考えます。
　第三に、慰安所での慰安婦の生活はどんなものであったかを明らかにします。

- 慰安婦とは
    - 慰安婦とは
    - 慰安所の設置
    - 軍内部の方針と観察
    - 女性たちを集める
    - 太平洋戦争と慰安所の拡大

- 慰安所と慰安婦の数

- 慰安所での生活

- 慰安婦にされた女性たち
    - フィリピン
    - 韓国
    - 台湾
    - オランダ
    - インドネシア
    - その他の国々

参考文献

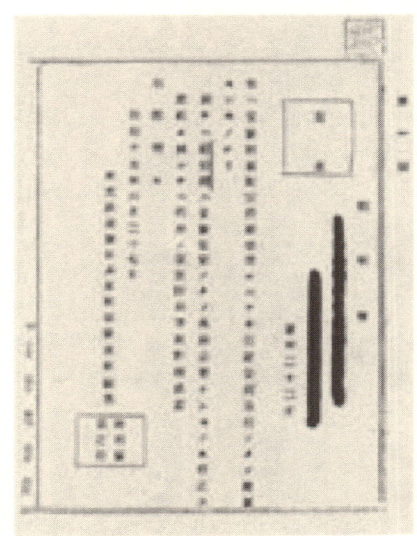

慰安婦とは—慰安婦とは

　いわゆる「従軍慰安婦」とは、かっての戦争の時代に、一定期間日本軍の慰安所等に集められ、将兵に性的な奉仕を強いられた女性たちのことです。
　これらの人々のことを日本で戦後はじめて取り上げた書物の著者たちは「従軍慰安婦」と呼んできました。したがって、日本政府がこれらの人々の問題に最初に直面した時も、アジア女性基金がスタートした時も、「従軍慰安婦」という言葉を用いていました。しかし、戦争の時代の文書では、「慰安婦」と出てきます。それで、いまでは、「慰安婦」という言葉を使っています。

　「慰安婦」という言葉の使用例

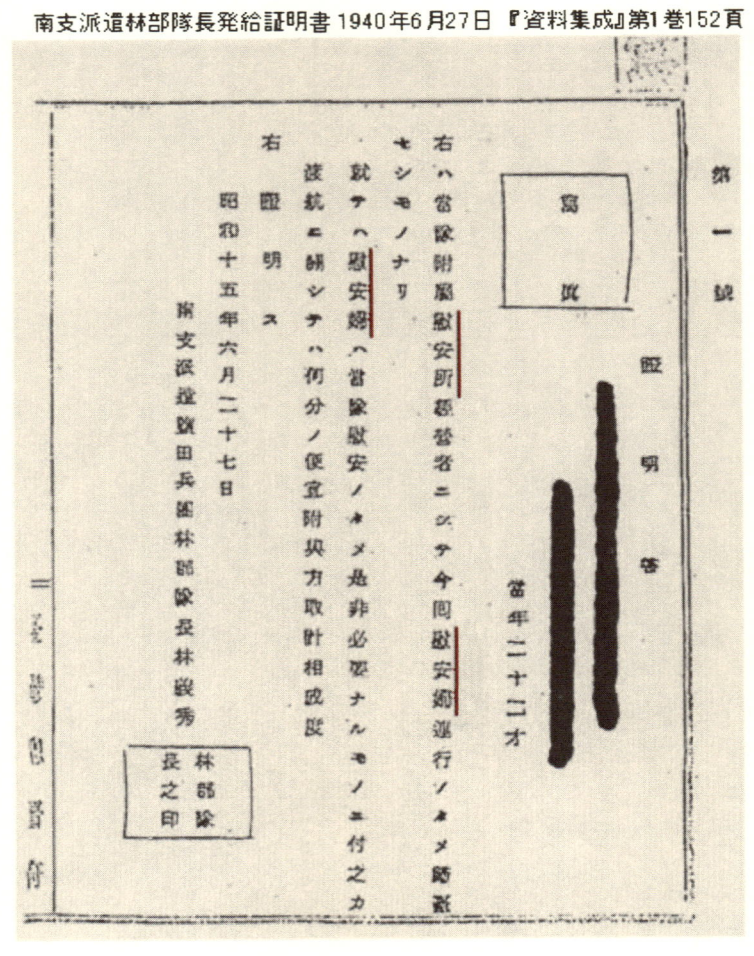

南支派遣林部隊長発給証明書 1940年6月27日 『資料集成』第1巻152頁

慰安婦とは―慰安所の設置

　慰安所の開設が、日本軍当局の要請によってはじめておこなわれたのは、中国での戦争の過程でのことです。1931年（昭和6年）満州事変のさいの軍の資料をみると、民間の業者が軍隊の駐屯地に将兵相手の店を開くということが行われましたが、慰安婦という言葉はまだなく、軍隊自体の動きは消極的でした。

　翌年第一次上海事変によって戦火が上海に拡大されると、派遣された海軍陸戦隊の部隊は最初の慰安所を上海に開設させました。慰安所の数は、1937年（昭和12年）の日中戦争開始以後、飛躍的に増加します。

岡村寧次大将

　陸軍では慰安所を推進したのは派遣軍参謀副長岡村寧次と言われています。

　その動機は、占領地で頻発した中国人女性に対する日本軍人によるレイプ事件によって、中国人の反日感情がさらに強まることを恐れて、防止策をとらねばならないとしたところにありました。また将兵が性病にかかり、兵力が低下することをも防止しようと考えました。中国人の女性との接触から軍の機密がもれることも恐れられました。

『岡村寧次大将資料第一　戦場回想編』1970年、302-303頁

　昔の戦役時代には慰安婦などは無かったものである。斯く申す私は恥かしながら慰安婦案の創設者である。昭和七年の上海事変のとき二、三の強姦罪が発生したので、派遣軍参謀副長であった私は、同地海軍に倣い、長崎県知事に要請して慰安婦団を招き、その後全く強姦罪が止んだので喜んだものである。
　現在の各兵団は、殆んどみな慰安婦団を随行し、兵站の一分隊となっている有様である。第六師団の如きは慰安婦団を同行しながら、強姦罪は跡を絶たない有様である。

日本軍の慰安所と慰安婦

慰安婦とは―軍内部の方針と観察

川原直一陸軍省副官送付「支那事変ノ経験ヨリ観タル軍紀振作対策」1940年9月19日
『資料集成』2巻49,50頁

二、支那事変間ニ於ケル犯罪、非行ノ特色

支那事変間ニ於ケル犯罪、非行ノ件数ハ国軍総兵員数ノ激増セルニ比スレハ其ノ増加率ハ必スシ

〔中略〕

モ事変勃発以来ノ実情ニ徴スルニ赫々タル武勲ノ反面ニ掠奪、強姦、放火、俘虜惨殺等皇軍タルノ本質ニ反スル幾多ノ犯行ヲ生シ為ニ聖戦ニ対スル内外ノ嫌悪反感ヲ招来シ抗戦目的ノ達成ヲ困難ナラシメアルハ遺憾トスル所ナリ宜シク皇軍ノ本質ニ今次聖戦ノ目的ハ抗日排共容姨ヲ敵トスルモノニ非スシテ所謂ヲ一兵ニ至ルマテ徹底セシメルコト肝要ナリ軍隊ヲ打倒シ東洋永遠ノ平和ヲ確立シ新秩序ノ建設ニ寄与スルニ在リテ決シテ一般民衆其ノ他ノ非戦斗員ニ対シ敵対スルモノニ非ス所以ヲ一兵ニ至ルマテ徹底セシメルコト肝要ナリ

五、事変地ニ於テハ特ニ環境ヲ整理シ慰安施設ニ関シ周到ナル考慮ヲ拂ヒ殺伐ナル感情及劣情ヲ緩和抑制スルコトニ留意スルヲ要ス
蓋シ在外人ノ心理状態ニ及ホス影響アルハ教言ヲ俟タサルナリ故ニ兵営(宿舎)ニ於ケル設備ヲ適切ニシ慰安ノ諸施設ニ創意ヲ必要トシ性的慰安所ヨリ受クル兵ノ精神的影響ハ最モ率直深刻ニシテ之カ指導監督ノ適否ハ士気ノ振興、軍紀ノ維持、犯罪及性病ノ予防等ニ影響スル所大ナルヲ思ハサルヘカラス

早尾雊雄軍医中尉「戦場ニ於ケル特殊現象ト其ノ対策」1939年5月 『資料集成』 2巻72,73頁

皇ノ軍人ハ何故ニ此ノ様ニ性慾ノ上ニ理性ガ保タナイカト私ハ大陸上陸ト共ニ直ケニ痛嘆シ戦場生活一ケ年ヲ通ジテ絶始痛感シタ然シ軍首脳ハ敢テ是ヲ不思議トセズ更ニ此ノ方ニ対スル訓戒ハ耳ニシタ事ガナイ而モ軍経営ノニ殺サレ軍人ノ為メニ賊業婦ヲ提供シソシテ媚婦ヲ性病ヲ軍人間ニ蔓延セシメソシテ遂ニ其レヲ収容スル兵站病院ヲ作ル性病ノアル間ハ帰還ヲ停止シタ兵ニノミカラ厳ニシタカラ将校前ニ却ツテ性病多カカラ若イ将校ドコロカ上長官ノ間ニモ患者ハアリ軍運ニ受ケテ居ル性病ヲ支那人カラ得ス様ニ慰安所ヲ設ケ止鮮人ヲ娼妓トシテ使用シナガラ反肉ニ彼女等ガ性病ヲ蒐メ軍当局ハ軍人ノ性慾ヲ撕ベル事ハ不可能ダトシテ支那媚ノ強姦セヌ様ト慰安所ヲ設ケタ然シ強姦ハ甚ダ旺ンニ行ハレテ支那良民ハ皇軍人ヲ見レバ必ズ是ヲ怖レタ

慰安婦とは―軍内部の方針と観察

　岡村の部下であった岡部直三郎上海派遣軍高級参謀も慰安所の組織化に働いたと言われています。その岡部直三郎が北支那方面軍参謀長として1938年（昭和13年）6月に出した通牒には、次のようにあります。

歩兵第4師団陣中日誌より、『資料集成』2巻 23-26頁

軍人軍隊ノ対住民行為ニ関スル注意ノ件通牒
昭和十三年六月二十七日
北支那方面軍参謀長　岡部直三郎

一　治安回復ノ遅延遅々タル主タル原因ハ後方安定ニ供スル兵力ノ不足ニ在ルコト勿論ナルモ一面軍人及軍隊ノ住民ニ対スル不法行為カ住民ノ怨嗟ヲ買ヒ反抗意識ヲ煽リ共産抗日系分子ノ民衆煽動ノ口實トナリ治安工作ニ重大ナル悪影響ヲ及ホスコト勘シトセス

而シテ諸情報ニヨレハ斯ノ如キ強烈ナル反日意識ヲ激成セシメタル原因ノ多ク所在ニ於ケル日本軍人ノ強姦事件カ全般ニ傳播シ實ニ豫想外ノ深刻ナル反日醸成セルニ在リト謂フ

右ノ如キ軍人個人ノ行為ヲ厳重取締ルト共ニ一面成ルヘク速ニ性的慰安ノ設備ヲ整ヘ設備ノ無キ為ニ不本意ナラ犯ス者無カラシムルヲ緊要トス

慰安婦とは―女性たちを集める

　慰安所は、このような当時の派遣軍司令部の判断によって設置されました。設置に当たっては、多くの場合、軍が業者を選定し、依頼をして、日本本国から女性たちを集めさせたようです。業者が依頼を受けて、日本に女性の募集に赴くにあたって、現地の領事館警察署長は国内関係当局に便宜提供を直接求めています。

上海総領事館警察署長が長崎水上警察署長に送った依頼文
1937(昭和12)年12月21日『資料集成』1巻36-38頁

皇軍将兵慰安婦女渡来ニツキ便宜供与方依頼ノ件

本件ニ関シ前線各地ニ於ケル皇軍ノ進展ニ伴ヒ之カ将兵ノ慰安方ニ付関係諸機関ニ於テ考究中ノ処頃日来当館陸軍武官室、憲兵隊合議ノ結果施設ノ一端トシテ前線各地ニ軍慰安所(事実上ノ貸座敷)ヲ左記要領ニ依リ設置スルコトトナレリ

　　　記

領事館
　(イ)営業願出者ニ対スル許否ノ決定
　(ロ)慰安婦女ノ身許及斯業ニ対スル一般契約手続
　(ハ)渡航上ニ関スル便宜取計
　(ホ)着滬ト同時ニ当地ニ滞在セシメサルヲ原則トシテ許否決定ノ上直ニ憲兵隊ニ引継クモノトス

憲兵隊
　(イ)領事館ヨリ引継ヲ受ケタル営業主並婦女ノ就業地輸送手続
　(ロ)営業者並稼業慰安婦女ニ対スル保護取締

武官室
　(イ)就業場所及家屋等ノ準備
　(ロ)一般保健並検黴ニ関スル件

　昭和13年の初め、日本の各地に赴いた業者は「上海皇軍慰安所」のために3000人の女性を集めると語り、募集してまわりました。各地の警察は無知な婦女子を誘拐するものではないか、皇軍の名誉を傷つけるものではないかと反発しました。それで内務省警保局長はこの年2月23日付けで通達を出し、慰安婦となる者は内地ですでに「醜業婦」である者で、かつ21歳以上でなければならず、渡航のため親権者の承諾をとるべしと定めました。3月4日には陸軍省副官も通牒を出しました。

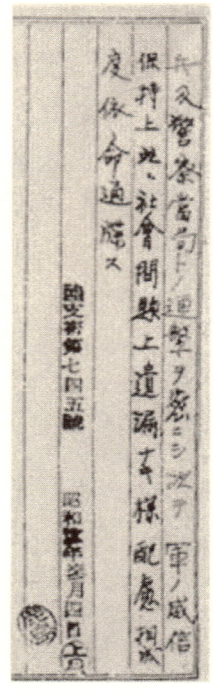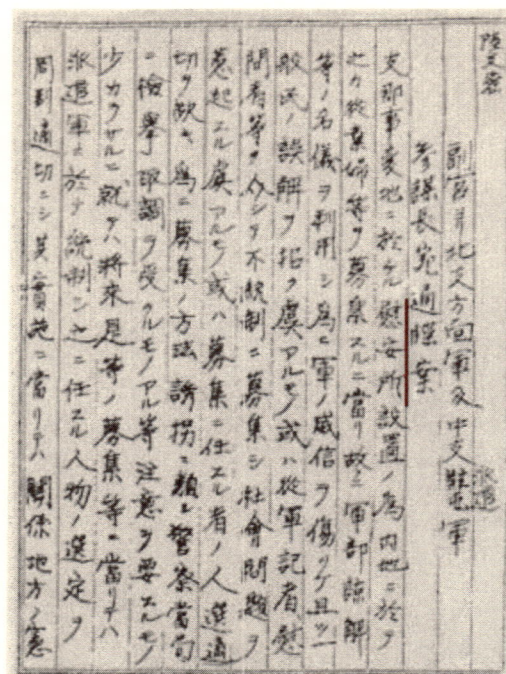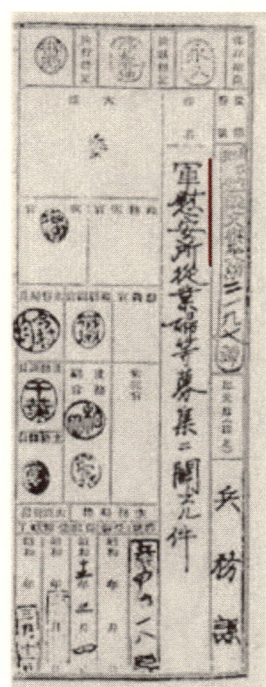

　ここで満21歳以上としたのは、日本が加入していた「婦人・児童の売買禁止に関する国際条約」で未成年者に売春をさせることが禁じられていたからです。ところが、慰安所の数が急速にふえてきますと、中央の内務省も陸軍省もますますコミットせずにはおられなくなっていきます。1938年11月4日には、内務省警保局の内部で「本日南支派遣軍古荘部隊参謀陸軍航空兵少佐久門有文及陸軍省徴募課長ヨリ南支派遣軍ノ慰安所設置ノ為」「醜業ヲ目的トスル婦女約四百名」を渡航させるように「配意」ありたしとの要請があったので、「極秘ニ取扱フ」、四百名を大阪百名、京都五十名などと各県に割り当て、各県で業者を選定し、女性を募集させてほしいという文書が起草されています。

　日本の国内からの女性の調達がこのように進められたとすると、台湾や朝鮮からの調達はどのように進められたのでしょうか。朱徳蘭女史の研究は、1939年の台湾での事例を明らかにしています。海南島を占領した海軍から台湾の海軍武官に要請がなされ、そこから華南と東南アジアの軍事的経済開発のために設立された国策会社、台湾拓殖株式会社に要請が行われました。この会社が海南島に慰安所のための建物を建設し、業者の選定を行ない、資金の提供を行いました。業者は自分の抱える女性をひきつれて、海南島へ渡っています。業者は日本人で、慰安婦とされた女性たちはすでに「醜業に従事している年齢21歳以上」（朱徳蘭編『台湾慰安婦調査と研究資料集』）の者でした。この場合は、日本本土と同じ基準で募集がなされているようですが、この形がいつも守られたかどうかは、不明です。なお日本政府は1925年に「婦人・児童の売買禁止に関する国際条約」を批准するに当たって、植民地を適用外としています。

慰安婦とは―女性たちを集める

　朝鮮でも、警察が、日本の内地の警察と同じように、軍の依頼を受けた業者の募集を助けるさいに、警保局の1938年2月通達に従っていたかどうかは不明です。それでも最初の段階では、朝鮮からもまず「醜業婦」であった者が動員されたと考えるのが自然です。ついで、貧しい家の娘に「慰安婦」となるように説得して、連れていったのでしょう。就職詐欺もこの段階からはじまっていることは、証言などから知られています。業者らが甘言を弄し、あるいは畏怖させるなど、本人の意向に反して集めるケースがあったことも確認されています。さらに、官憲等が直接これに加担するケースも見られました。資料によれば、朝鮮からは、内地では禁じられていた21歳以下の女性が多く連れて行かれたことが知られています。中には16、7歳の少女も含まれていました。一方で、中国の慰安所には、中国人女性もいました。

慰安婦の年齢を示す資料

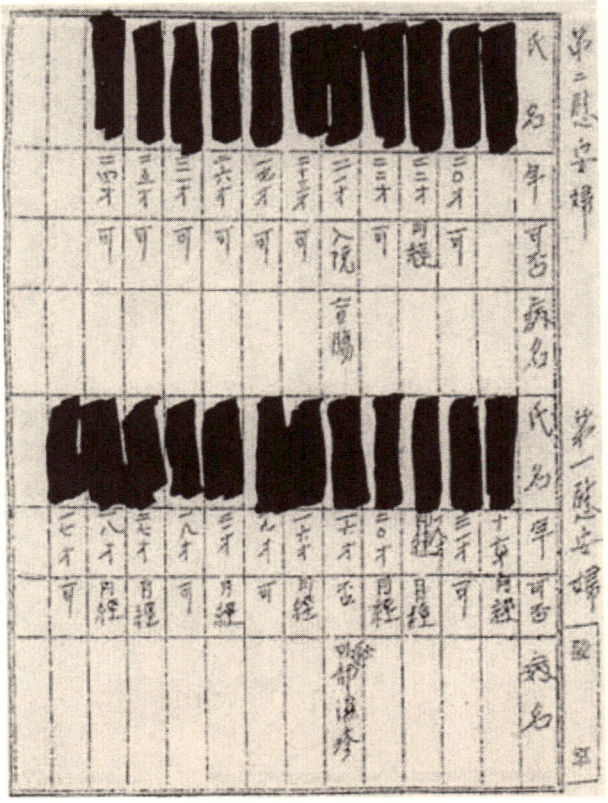
イロイロ兵站支部医務室「検ばい成績ニ関スル件」1942年6月23日

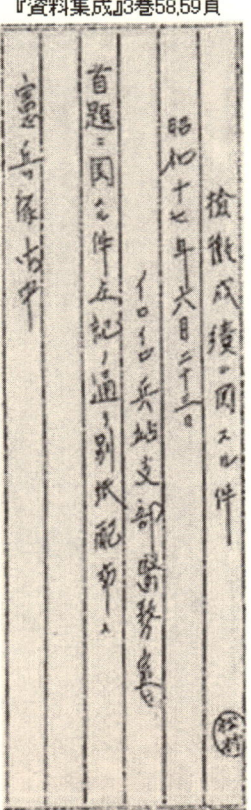
『資料集成』3巻58,59頁

慰安婦とは―太平洋戦争と慰安所の拡大

　1941年（昭和16年）12月8日、太平洋戦争がはじまると、日本軍はシンガポール、フィリピン、ビルマ、インドネシアに攻め込みました。南方に占領地が拡大していくとともに、そこにも軍慰安所が設置されました。この新しい局面での南方占領地の慰安所への女性の確保については、決定的な転換がおこったようです。1942年（昭和17年）1月14日付けの外務大臣の回答によると、「此ノ種渡航者ニ対シテハ｛旅券ヲ発給スルコトハ面白カラザルニ付｝軍ノ証明書ニ依リ｛軍用船ニテ｝渡航セシメラレ度シ」とあります。外務省も、内務省と警察も関わらないところで、南方占領地への慰安婦の派遣は完全に軍が直接掌握することになったようです。

　1942年2月末ないし3月はじめに、南方総軍から、ボルネオ行き「慰安土人五〇名為シ得ル限リ派遣方」の要請が台湾軍（台湾駐屯日本軍）司令官に入りました。そこで台湾軍司令官の命令により、憲兵が調査して、3人の経営者を選定しました。3人の経営者は女性を集めて、出発しました。この件では6月に「特種慰安婦五十名」について現地到着後「人員不足」し、また「稼業ニ堪ヘザル者」が出たので、20名を増派することを了承してほしいと台湾軍から陸軍省に報告が出ています。

南方派遣渡航者ニ関スル件『資料集成』2巻203－204頁

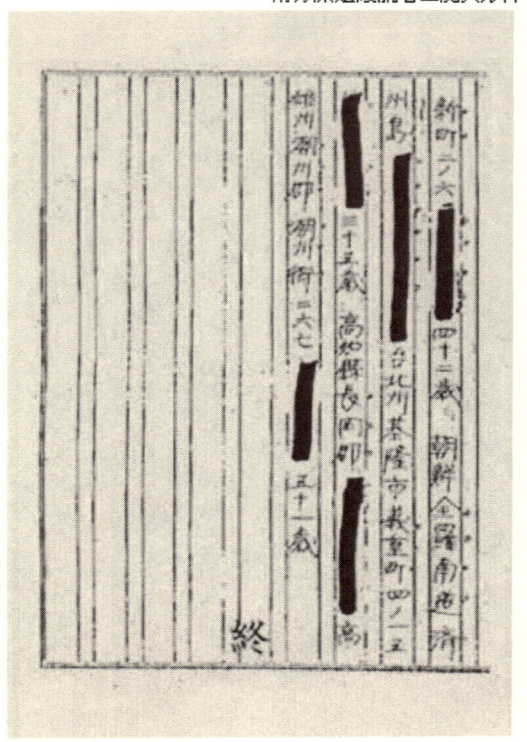
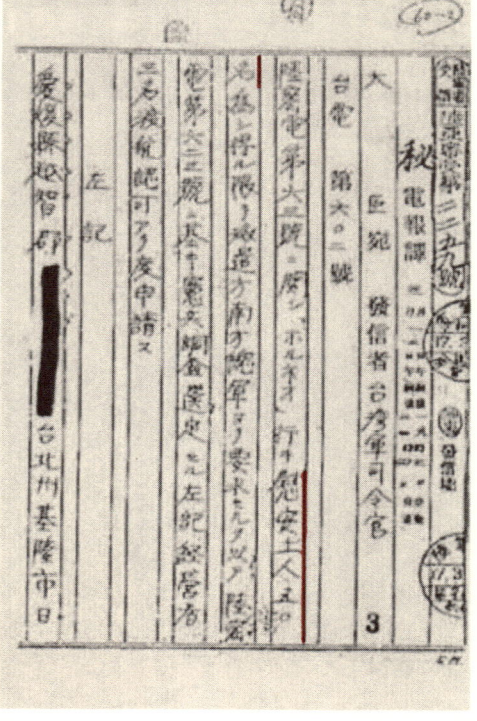

同じように南方総軍から朝鮮軍（朝鮮駐屯日本軍）司令部にも朝鮮人女性を慰安婦として派遣するように要請がなされたと考えることができます。米軍の資料によれば、1942年（昭和17年）五月にビルマにおける「慰安サーヴィス」のための女性を募集するために、京城（現在のソウル、以下同じ）の陸軍司令部が業者を選定して打診したのに業者が応じています。最終的にこのとき朝鮮から出発した朝鮮人女性は703名でした。朝鮮軍は業者を選定し、募集を行わせたようです。

　京城で料理店を経営していた朝鮮人夫婦が憲兵司令部の打診に応じて、この仕事を引き受け、20人の朝鮮人女性を勧誘した事例が知られています。彼らは両親に「300円から1000円を払って、買い取った」、娘達は彼らの「単独の財産」になったと言っていますが、これは前渡し金で縛ったということでしょう。女性たちの述べたところでは、募集時の年齢は17歳1名、18歳3名、19歳7名、20歳が1名、23歳以上が8名、つまり20人中の12名が21歳未満です。1938年に日本国内での募集にさいして警保局がつけた条件が守られていないことは明らかです。

　この女性たちに「慰安婦」をもとめているとはっきり説明することはなされていないようです。女性たちの供述には次のようにあります。

　　　　　米戦時情報局心理作戦班報告書49号より『資料集成』5巻、203頁
　　　「この『役務』の性格は明示されなかったが、病院に傷病兵を見舞い、包帯をまいてやり、一般に兵
　　　士たちを幸福にしてやることにかかわる仕事だとうけとられた。これらの業者たちがもちいた勧誘の
　　　説明は多くの金銭が手に入り、家族の負債を返済する好機だとか、楽な仕事だし、新しい土地シン
　　　ガポールで新しい生活の見込みがあるなどであった。このような偽りの説明に基づいて、多くの娘
　　　たちが海外の仕事に応募し、数百円の前渡し金を受け取った。」

　これは業者に欺かれたものであり、本人の意志に反して集められた事例にあたります。
　上記の資料からすれば、太平洋戦争期の朝鮮、台湾からの慰安婦の調達は、南方軍からの要請を受けた朝鮮軍、台湾軍が主体となって、憲兵が業者を選定し、業者が募集した女性達を、軍用船で送り出したと考えられます。もとよりこの時期も日本からの慰安婦の調達も従来通りの形でひきつづき行われていました。

　さらにフィリピンとインドネシアなどでは、地元の女性も慰安婦とされました。インドネシアでは、倉沢愛子氏の研究によれば、居住地の区長や隣組の組長を通じて募集がおこなわれたようです。占領軍の意を受けた村の当局からの要請という形の中には、本人の意志に反して集められた事例も少なくなかったと指摘されています。

　このほかに、インドネシアでは、収容所に入れられていたオランダ人女性を連れ出して慰安所におくりこむことが行われました。その中で純粋に強制的に連行された女性は全体の3分の1から5分の1だといわれています。スマランでのケースは戦犯裁判で裁かれ、1人の日本人将校が処刑されています。

　このように都市部や軍の駐屯地につくられた業者が経営する慰安所に送り込まれ、慰安婦とされた人々のほかに、東南アジアでも、前線の部隊が、農村部の女性たちをレイプして、部隊の宿舎に連行し、屋内に一定期間監禁して、レイプをつづけるケースがあったことが確認されています。もっともはげしい暴力にさらされたこの被害者たちも慰安婦被害者と考えることができます。フィリピンではとくにこの形態がひろくみられました。

慰安所と慰安婦の数

慰安所はアジア全域に広がりました。昭和17年(1942年)9月3日の陸軍省恩賞課長の報告では、「将校以下の慰安施設を次の通り作りたり。北支100ヶ、中支140、南支40、南方100、南海10、樺太10、計400ヶ所」とあります。

基金の資料委員会の報告書掲載の論文は、政府資料にもとづいて、中国の揚子江ぞいにあった慰安所について、上海約24、杭州4、鎮江8、常州1、揚州1、丹陽1、南京約20、蕪湖6、九江22、南昌11、漢口20、葛店2、華容鎮2、応山1、宜昌2を数えています。以上で125です。別の資料から、少なくとも蘇州1、安慶2を加えることができます。これだけで、すでに130ヶ所に近付いています。

さらに同じ論文は、個別のデータを総合して、純粋民間の施設も含めて、フィリピンは30ヶ所、ビルマは50ヶ所以上、インドネシアは40ヶ所以上、この3国で120ヶ所以上になると推測しています。これでも南方100ヶ所をこえています。南海方面ではソロモン島のラバウルだけで海軍の慰安所6があり、他に陸軍の慰安所もあるので、総数は20と推測されています。ラバウルだけで南海10を超えています。

先の恩賞課長報告にはあげられていませんが、その後沖縄にも慰安所がつくられました。沖縄の研究者は130ヶ所と数えています。

一体どれほどの女性たちが日本軍の慰安所に集められたのか、朝鮮人慰安婦の比率はどの程度であったのか、どれほどの人々が戦場から帰らなかったのかというような点については、今日でも確実な答をえるような調査ができていません。

まず慰安婦の総数を知りうるような総括的な資料は存在していません。総数についてのさまざまな意見はすべて研究者の推算です。

推算の仕方は、日本軍の兵員総数をとり、慰安婦一人あたり兵員数のパラメーターで、これを除して、慰安婦数を推計するやり方があります。この場合に交代率、帰還による入れ替りの度合いが考慮に入れられます。

研究者たちの推算

研究者名	発表年	兵総数	パラメーター	交代率	慰安婦数
秦郁彦	1993	300万人	兵50人に1人	1.5	9万人
吉見義明	1995	300万人	兵100人に1人	1.5	4万5000人
			兵30人に1人	2	20万人
蘇智良	1999	300万人	兵30人に1人	3.5	36万人
				4	41万人
秦郁彦	1999	250万人	兵150人に1人	1.5	2万人

参考文献：吉見義明『従軍慰安婦』岩波新書、1995年
　　　　　秦郁彦　『昭和史の謎を追う』下、文藝春秋、1993年
　　　　　　　　　『慰安婦と戦場の性』新潮社、1999年
　　　　　蘇智良　『慰安婦研究』上海書店出版社、1999年

　問題はパラメーターと交代率の取り方であることは明らかです。「兵100人女1名慰安隊ヲ輸入」という言葉が金原メモに見える昭和14年4月の上海第21軍軍医部長の報告にあります（上海第21軍軍医部長報告　金原節三資料摘録より）。この数字を基準に考えれば、兵士100人当たり慰安婦1人ということは、兵士が毎月1回慰安所にいくとしたら、慰安婦は日に5人を相手にして、月平均10日は休んでいるという状態です。

　民族別については、金一勉氏が、慰安婦の「8割—9割」、17—20万人が朝鮮人であると主張しましたが、この面でも総括的な統計資料は存在しません。各種の資料を総合して言えることは、朝鮮人慰安婦は多かったが、絶対的多数を占めるにはいたっていないということです。日本人慰安婦も多かったと言えます。

昭和13年11月から14年12月まで台湾各州を経由して中国へ赴いた軍慰安所関係者の民族別構成

	内地人	朝鮮人	本島人
台北州	649	207	229
新竹州	65	86	11
台中州	3	143	27
高雄州	218	53	117
台南州	3	72	0
計	938（49.8%）	561（40.1%）	384（20.4%）

『資料集成』1巻　171-210、219-251、257-297、301-337、407-415頁
高雄州は13年12月の資料を欠く、台南州は13年12月、14年7月、11月の資料のみ

　1998年6月22日、国連人権委員会マイノリティ差別防止・保護小委員会特別報告者ゲイ・マクドゥーガル氏は同小委員会に報告「奴隷制の現代的形態——軍事衝突の間における組織的強姦、性的奴隷制、及び奴隷制的慣行」を提出しましたが、それに付録として報告「第二次大戦中の慰安所にたいする日本政府の法的責任についての分析」（全文はこちら）が付されました。その中で、氏は次のように述べています。

「日本政府と日本軍は1932年から45年の間に全アジアのレイプ・センター rape centresでの性奴隷制を20万以上の女性に強制した。」
「これらの女性の25パーセントしかこのような日常的虐待に堪えて生き残れなかったと言われる。」

　根拠としてあげられたのは、第二次大戦中に「14万5000人の朝鮮人性奴隷」が死んだという日本の自民党国会議員荒船清十郎氏の「1975年（ママ）の声明」です。

　荒船清十郎氏の声明とは、彼が1965年11月20日に選挙区の集会（秩父郡市軍恩連盟招待会）で行った次のような発言のことです。

「戦争中朝鮮の人達もお前達は日本人になったのだからといって貯金をさせて1100億になったがこれが終戦でフイになってしまった。それを返してくれと言って来ていた。それから36年間統治している間に日本の役人が持って来た朝鮮の宝物を返してくれと言って来ている。徴用工に戦争中連れて来て成績がよいので兵隊にして使ったが、この人の中で57万6000人死んでいる。それから朝鮮の慰安婦が14万2000人死んでいる。日本の軍人がやり殺してしまったのだ。合計90万人も犠牲者になっているが何とか恩給でも出してくれと言ってきた。最初これらの賠償として50億ドルと言って来たが、だんだんまけさせて今では3億ドルにまけて手を打とうと言ってきた。」

　日韓条約締結時に韓国側は、韓国人労務者、軍人軍属の合計は103万2684人であり、うち負傷ないし死亡したのは10万2603人だと指摘しました。慰安婦のことは一切持ち出していません。ですから、荒船発言の数字はすべて荒船氏が勝手にならべた数字なのです。国連機関の委嘱を受けた責任ある特別報告者マクドゥーガル女史がこのような発言に依拠したことは残念です。

　蘇智良氏もこの荒船発言を知り、これに依拠して、朝鮮人慰安婦が14万2000人いたとすれば、36万、ないし41万の慰安婦総数のうち、中国人慰安婦は20万人にのぼると結論しています。これも荒船発言に誤導された推論だと考えられます。

慰安所の生活

慰安所は通常業者が経営管理していましたが、軍はさまざまな面で慰安所の存立、稼動に関与しました。それは現地部隊が定めた各種の管理規定にうかがえます。

慰安所使用規定　独立攻城重砲兵第二大隊常州駐屯間内務規定
1938年3月　『資料集成』2巻255-258頁

第九章　慰安所使用規定

第九　方針
緩和慰安ノ道ヲ講シ軍紀粛正ノ防止ニ資スルニ在リ

第十　設備
慰安所ハ日華会館南側囲壁内ニ設ケ日華会館附属建物ヲ下士官、兵ニ区分シ
下士官、兵ノ出入口ハ南側表門トシ
衛生上ニ関シ、捜主ハ消毒設備ヲナシ置クモノトス
各隊ノ使用日ヲ左ノ如ク定ム

里部隊　　　　日曜日
聚岩部隊　　　月火曜日
松村部隊　　　水木曜日
成田部隊　　　土曜日
阿知波部隊　　金曜日
村田部隊　　　日曜日

第十一　実施単位及時間
其他臨時駐屯部隊ノ使用ニ関シテハ別ニ示ス
1. 下士官兵、営業時間ハ午前九時ヨリ午后六時迠トス
2. 使用時間ハ一人一時間ニ限度トス

第十二　単価
以上ハ下士官、兵トシ将校ハ(該当者ニハ)倍額トス
支那人　　　一円〇〇銭
半島人　　　一円五十銭
内地人　　　二円

第十三　検査
検査ハ毎週、月曜日及金曜日ヲ定例検徴日トス
(防毒面ノ附ス)
検査時間ハ午前八時ヨリ午前十時迠トス

まず慰安所の建物は軍が提供したり、建設したりしました。警備は軍が行い、さらに営業時間、休業、単価も、部隊別の利用日の割り振りも軍が決めていました。慰安婦の性病検査も軍がおこなっていました。軍は管理委員を指名し、慰安所にいく者のためには、軍が利用券を発行する場合が多くみられました。

日本軍の慰安所と慰安婦

第六十三　雑件
　検査主任官ハ第四野戦病院医官トシ兵站予備病院
　並各隊医官ハ之ヲ補助スルモノトス、検査主任官ハ其ノ結
　果ヲ第三項ノ部隊ニ通報スルモノトス

第六十四　雑件
　慰安所利用ノ注意事項左ノ如シ
　1　慰安所内ニ於テ飲酒スルヲ禁ス
　2　金額支拂及時間ヲ厳守ス
　3　女ニ縋ヲ有毒者ト思惟シ防毒ニ関シ万全ヲ期スヘシ
　4　営業者ニ對シ粗暴ノ行為アルヘカラス
　5　酒類ヲ帯ヒタル者出入ヲ禁ス

　1　営業者ハ支那人ヲ客トシテ採ルコトヲ許サス
　2　営業者ハ酒肴茶菓ノ饗応ヲ禁ス
　3　営業者ハ特ニ許シタル場所以外ニ外出スルヲ禁ス
　4　営業者ハ総ヲ検徴ノ結果合格証ヲ所持スルモノニ限ル

第六十五　監督擔任
　監督擔任部隊ハ憲兵分遣隊トス

第六十六　附加事項
　1　部隊慰安日ハ木曜日トシ當日ハ各隊ヨリ使用時限
　　ニ幹部慰安トキハ各隊毎ニ引率セシムヘシ
　2　慰安所ニ至ルトキハ各隊毎ニ引率セシムヘシ
　　但シ巻脚絆ヲ除クコトヲ得
　3　毎月十五日ハ慰安所ノ公休日トス

> 慰安所の生活

　慰安所では、女性たちは多数の将兵に性的な奉仕をさせられ、人間としての尊厳を踏みにじられました。慰安所の営業時間は朝の9時ないし10時から夜おそくまで長時間にわたるものもありました。兵士相手が夕方6時まで、それから下士官相手が7時から9時まで、その他に将校相手と定められているところもありました。

慰安所の前で順番を待つ兵士たち(写真上)
第六慰安所　桜楼(写真右)

『新版　私の従軍中国戦線』より
(村瀬守保著・日本機関紙出版センター)

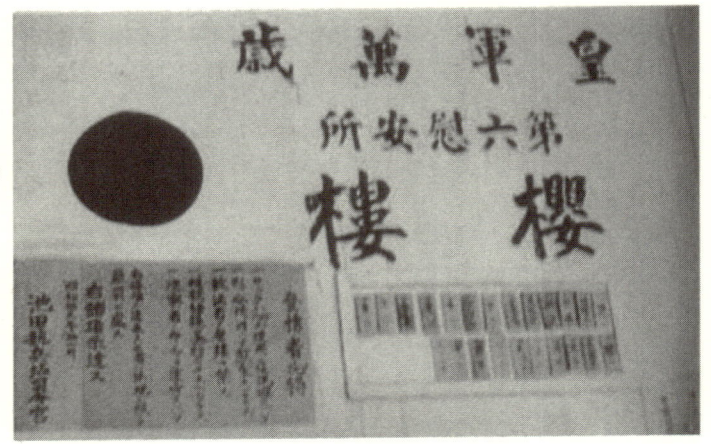

日本軍の慰安所と慰安婦

通常の慰安所の場合は、兵士は代金を直接間接に払っていたのはたしかです。それが経営者と女性の間で、折半されているのが、普通のようですが、慰安婦にされた人々に対してどのように渡されていたかははっきりしません。

　休日は月に1回、例外的に2回で、無休というところもありました。外出も軍の許可が必要でした。

　米軍の捕虜尋問記録にみえるビルマ、ミッチーナーの朝鮮人経営の慰安所の場合、外出は自由で、スポーツやピクニックに参加したとありますが、米軍の取り調べに対して供述しているという点を考慮すべきかもしれません。

　一般に戦況の悪化とともに、生活は悲惨の度を加えました。

　戦地では常時軍とともに行動させられ、まったく自由のない生活でした。日本軍が東南アジアで敗走しはじめると、慰安所の女性たちは現地に置き去りにされるか、敗走する軍と運命をともにすることになりました。玉砕した人もいれば、かろうじて脱出して、連合軍に保護された人もいます。

　1945年（昭和20年）8月15日、日本の降伏で戦争が終わりました。しかし、生き残った慰安婦たちは簡単には帰国できませんでした。この人々の中には自分の置かれた境遇を恥じて、帰国できなかった人も少なくなかったことがすでに知られています。帰国することをあきらめた人々は、異郷に漂い、そこで生涯を終える道を選びました。朝鮮から中国に連れて行かれた慰安婦の人たちの中で中国にとどまった人々が1990年代になってようやく帰国できたという話が知られています。

雲南で保護された朝鮮人慰安婦たち　1944年9月3日（米国国立文書館）

　母国にかえった被害者たちにもやすらぎは訪れませんでした。この人々は傷ついた身体と残酷な過去の記憶をかかえ、苦しい生活を送りました。多くの人が結婚もできず、自分の子供を生むことも考えられませんでした。家族ができても、自分の過去を隠さねばならず、心の中の苦しみを他人に訴えることができないということが、この人々の身体と精神をもっとも痛めつけたことでした。軍の慰安所ですごした数年の経験の苦しみにおとらない苦しみの中に、この人々は戦後の半世紀を生きてきたのです。

慰安婦にされた女性たち―フィリピン

日本軍は、1941年12月、アメリカ領であったフィリピン・ルソン島へ上陸し、直ちにマニラを陥落させ、1942年1月3日から、軍政を実施しました。日本軍の軍政下で、フィリピン人は激しいゲリラ戦を展開し、抵抗運動を行いました。日本軍はゲリラ討伐を理由に、残酷な作戦を実行しました。フィリピンでのBC級戦犯裁判では、起訴381件の内、住民虐殺が138件、強姦が45件と多数を占めています。

フィリピンでは、マニラをはじめ、占領地の各都市には軍慰安所がつくられ、日本人、朝鮮人、中国人の慰安婦が送り込まれましたが、現地のフィリピンの女性も慰安婦にされていました。

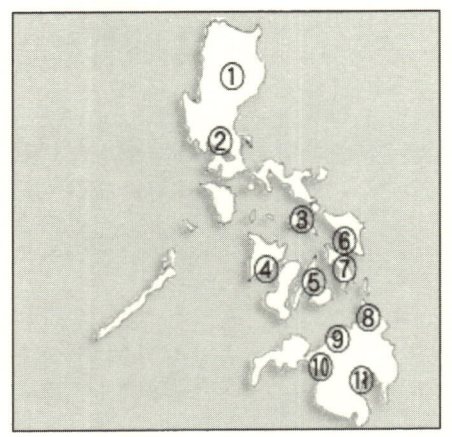

まずマニラ（地図中-2）には、連合軍資料にある警察報告によれば、慰安所12軒、兵下士官用5軒がありました。捕虜の供述では、朝鮮人、フィリピン人、中国人の女性がいる慰安所が5ないし6軒あったとされています。北部ルソン島では、バヨンボン(1)に慰安所がありました。中部ビサヤ地方では、マスパテ島(3)に軍人倶楽部という慰安所がありました。パナイ島のイロイロ市(4)には二つの慰安所があり、1942年には、第一には12人から16人、第二には10人から11人の慰安婦がいたことが確認されています。セブ島のセブ(5)には、慰安所を経営する日本人業者が一名いました。レイテ島のタクロバン(6)には、フィリピン人が経営する慰安所があり、9名のフィリピン人女性がいました。同島のブラウエン(7)にも慰安所が1944年8月までには開設されました。

南部ミンダナオ島のブツアン(8)には1942年にフィリピン女性3名の慰安所が開設されました。また同島のカガヤン(9)には、1943年2月に第三慰安所ができたので、三つの慰安所があったことがわかります。同島中央のダンサラン(10)にも慰安所がありました。また同島のダヴァオ(11)にも、慰安所があり、朝鮮人、台湾人、それにフィリピン人の慰安婦がいました。

また、フィリピンでは、軍の占領地域で現地部隊が一般女性を強姦した上に、暴力的に拉致・連行して、駐屯地の建物に監禁し、一定期間連続的に強姦をつづけたことも多かったことが証言されています。この被害者達も慰安婦被害者と考えることができます。そのような女性の中には父や夫を目の前で殺された人も少なくありません。

フィリピン政府による医療福祉支援事業の評価報告書より（全文はこちら）

多くのロラ（おばあさん）たちは、日本兵たちによって強制的に自宅から連行された。なかには仕事中や、両親に頼まれた用事で外出した際に連れ去られた者もあった。多くは当時、まだ独身であったが、既婚者も含まれていた。ビコールに住むロラのひとりは、その頃住んでいた村に日本兵がやってきたとき、自宅で眠っていたという。日本兵たちは村中の男たちと若い女たちを集めて村の小学校に連行し、翌朝までそこに留め置い

た。彼女たちはその後、そこから市庁舎まで連れて行かれた。また別のロラは、母親に食料の買い出しを頼まれ、近くの町へきていたところを連行された。このほか、マラボンにある埠頭の近くで"シシッド"(ウェット)・ライス(船荷から漏れて海に沈んでいるコメ)を採っていたところを連行されたというロラもいる。

ロラたちは、もとは市庁舎や州政府の庁舎だったもの、個人の邸宅、小中学校や高校の校舎、病院や教会であったものを徴用した日本軍の兵営、あるいは駐屯地に連れて行かれた。ロラのひとりによれば、マニラのある教会では毎夜、そのいたる所で日本兵によって女性がレイプされていたという。ロラの自宅が駐屯地に徴用されたという例もあるほか、慰安婦たちを収容するのにトンネルが利用されていたという報告もある。

ロラたちが慰安婦として監禁されていた期間は、3日間から1年以上と、ロラによって様々であった。4か月以上にわたって監禁されたロラたちが25%、3か月間が17%、1か月間が16%であった。ロラたちはその全員が、監禁されていた期間にレイプされている。ビサヤに住むあるロラは、家にやってきた日本兵たちに家族が尋問を受けている間に、7人の日本兵からレイプされた。そして、その日から7日間、毎晩3人から5人の日本兵がやってきては彼女をレイプしたという。マニラに住んでいるロラのひとりは、拘束されてから1か月にわたってレイプされ続けた。6～7か月にわたって駐屯地に監禁されていたが、この間には週に3日ほど3人以上の兵士がやってきて、彼女を次々とレイプしたという。

ロサ・ヘンソンさんの場合

マリア・ロサ・ヘンソンさんは、1927年12月5日、フィリピンのマニラ近郊パサイで生まれました。大地主の父とその家事使用人であった母の間にできた婚外子でした。1942年2月、彼女は日本兵にレイプされました。そのとき、彼女は家で使う薪を採りに、叔父や近所の人々と出かけたのですが、みんなと離れたときに、日本兵三人につかまり、レイプされたのです。彼女は二週間後にも同じ日本人将校に見つかり、ふたたびレイプされました。彼女は日本軍に激しい怒りを感じ、抗日人民軍、フクバラハップに参加しました。一年間活動したのち、1943年4月、アンヘレス市の郊外の検問所で日本軍にとらえられ、司令部に連れて行かれ、そこで、「慰安婦」にされてしまったのです。

ロサ・ヘンソンさんは、兵舎として使われていた病院に連行されました(フィリピン人元慰安婦のための弁護士委員会)。ヘンソンさんとほかの女性6人が、ここで日本兵たちに性行為を強要されたのです。その後3か月してヘンソンさんは、もとは精米所であった別の慰安所に移されました。日本軍に協力していたフィリピン人から、日本兵のために洗濯をしてやれば金を稼げると言われ、ヘンソンさんとほかの何人かの若い女性たちは洗濯をするようになりました。あるときそのフィリピン人の協力者に連れられて、2階建ての家に連れていかれました。そこには3人の日本兵が待ち構えていたのです。そ

こには約1年間にわたって監禁されていました。昼の間は洗濯をし、夜になるとレイプされたのです。(ロサ・ヘンソンさんの証言記録はこちら🗒)

ロサ・ヘンソンさんは、1944年1月、ゲリラによって救出されました。連合国の上陸によってフィリピンは日本軍の占領状態から解放されたのです。

慰安婦にされた女性たち — 韓国

　日中戦争の過程で中国に進出した日本軍が設けた慰安所に、日本人の女性に続いて朝鮮人の女性が慰安婦として送り込まれました。戦争が太平洋・東南アジア地域に拡大すると、朝鮮人の女性はそこにも多く送り込まれました。

　朝鮮からは、まず「醜業婦」であった者が動員されたと思われます。ついで、貧しい家の娘たちが、いろいろな方法で連れて行かれたと考えられます。就業詐欺もこの段階から始まっていることは、知られています。甘言、強圧など、本人の意思に反する方法がとられたケースについても証言があります。内地では禁じられていた21歳以下の女性が多く連れて行かれたことが知られています。中には16、7歳の少女も含まれていました。

金田君子さんの場合

金田君子さん ©勝山泰佑

　金田さんはのちに牧師となる朝鮮人の父親と、日本人の母親との間に、東京で生まれました。生後すぐ実母と別れ、韓国へわたってからは一家離散の日々が続くなど生活は苦しく、家族愛にめぐまれない寂しい子ども時代を過ごしたそうです。
　1938年、金田さんが住み込みの女中として働いていた16歳のとき、「よい働き口があるから」と知り合いに勧められ、同じようにだまされ集められた女性たちとともに、中国棗強の慰安所へ送られました。必死に抵抗して日本兵に銃剣で刺された胸の傷や、へし折られた手首の傷は、死ぬまで完全に癒えることはありませんでした。現実から逃避するために吸い始めた阿片の中毒になっていた金田さんは、1945年に治療のために任務を解かれ、生きて終戦を迎えることとなりました。
（金田さんの証言記録はこちら🗒）

金田君子さんが描いた棗強の慰安所の図

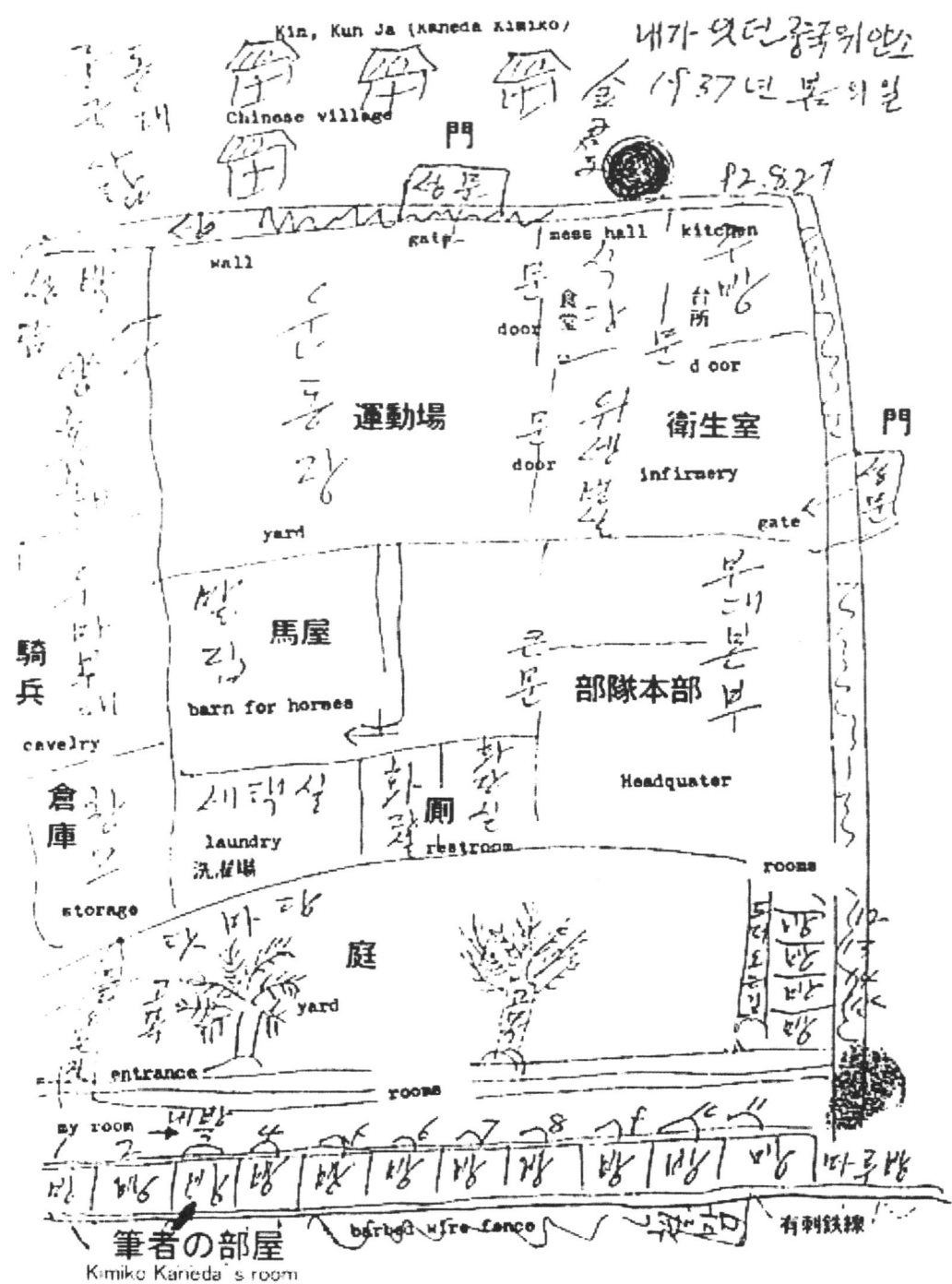

慰安婦にされた女性たち－台湾

　第二次大戦中、日本の植民地であった台湾から多くの男性が日本軍兵士や軍属として徴集され、同時に女性は「看護」や「炊事」「工場での作業」などの名目で軍や警察に召集されました。当時の台湾の人々にとって、日本軍や警察にさからうことは、生きる道を絶たれるにもひとしかったのです。

　海外では海南島、フィリピン、中国、インドネシア、ビルマなど、台湾内では各地にあった軍港や軍需工場に隣接する施設に送られ、その多くの女性が「慰安婦」として働かされました。夫や婚約者が兵士として軍に徴用されている間に被害にあった女性もすくなくありません。そういった被害者のほとんどが戦地からもどった夫に事実を打ち明けることができず、何十年間も秘密をかかえて暮らすこととなりました。

出征する高砂義勇兵、妻たち、引率の日本人警察官

柳本通彦著「台湾・タロコ峡谷の閃光―とある先住民夫婦の太平洋戦争」「台湾・霧社に生きる」より

日本軍の慰安所と慰安婦

そのとき、わたしの婚約者は日本の兵隊にとられて、南方へ行っていました。わたしは家でお父さんの仕事を手伝っていました。そうしたら日本人の警察が呼びに来て、仕事があるから来なさいって言いました。兵隊にご飯をつくったり、破れた着物を縫ったりする仕事だと。行きたくないと思ったけれど、警察の人が、いまは戦争で男も女も国家総動員法だから来なくてはいけないと言うので、働きに行くことにしました。日本兵がたくさんいました。わたしのほかに女の人も何名かいました。わたしたちは朝起きたら顔を洗って、ご飯をつくって兵隊に食べさせ、それから洗濯して、破れた着物を縫いました。そうしたら、夜になって呼ばれて、部屋に入れられて… 悪い仕事でした。

――ある台湾被害者の回想より（全文はこちら📄）

慰安婦にされた女性たち－オランダ

　旧オランダ領東インドは今日のインドネシアです。太平洋戦争で、日本軍はこの地を1942年に占領し、オランダ人を抑留・捕虜にしました。民間人9万人、軍人4万人が収容所にいれられたのです。

　一部の日本軍関係者は、収容所に抑留されたオランダ人女性と混血女性を慰安所に強制的に連行して、そこで日本の将兵に対する性的奉仕を強いました。その代表的な事例がスマラン慰安婦事件です。基金の資料委員会の報告書に収められた論文によれば、1944年初頭中部ジャワのアンバラワとスマランにあったアンバラワ第4または第6収容所、アンバラワ第9収容所、ハルマヘラ収容所、ゲンダンガン収容所からオランダ人と混血女性約35人が連行され慰安婦にされました。これを推進したのは南方軍幹部候補生隊の将校たちでした。

　アンバラワ第4または第6の収容所から連行された女性の証言によると、ここでは、1944年2月23日、収容所中庭に17歳から28歳までの女性全員が並ばされ、その後1人づつ収容所事務所に出頭させられました。翌24日、20人が事務所に呼び出されました。その上で2月26日、17人が選び出され、スマラン市内の建物に連れて行かれ、同意書に署名を強要されました。同意書は日本語で書かれていましたので、署名した人には何もわかりませんでした。ハルマヘラ収容所では、11人が連行されましたが、3名が返されました。ゲンダンガン収容所では、年上の女性たちが志願することで、若い女性たちが選ばれるのを免れたようです。約35人の女性は、2月26日ないしはその2－3日後、スマラン市内の4箇所の慰安所に送り込まれたのです。それは、日の丸、青雲荘（または双葉荘）、スマラン倶楽部、将校倶楽部の4つです。

これらの収容所以外では、オランダ人側が強く抵抗し、若い女性たちが連行されるのを防いだということが知られています。
　スマランの事件は、東京から収容所を視察に来た将校が、オランダ人から訴えをうけ、女性たちが意思に反して慰安婦にさせられていることを知って、報告したことで、軍上層部が知るところとなりました。ジャカルタの軍司令部の命令で、慰安所は営業開始2ヶ月で閉鎖され、女性たちは解放されました。しかし、慰安所のいくつかはその後混血女性を使って同じ場所で再開されました。

　これより先、1943年12月ないし44年1月には、同じ中部ジャワのムンティラン女子収容所からも、日本軍関係者はマゲランにある慰安所に女性を集める行動に出ていました。収容所のオランダ人リーダーにバーで働くのにふさわしい若い娘の名簿を作成させました。1月25日、日本人はこの名簿の女性たちを集めて、身体検査をし、15名を選び出し、連行しました。しかし、オランダ人側が強く抵抗したため、日本側は身代わりになる志願者を出すようにいい、その結果、元売春婦であったという評判の女性たちが志願しました。再選考がおこなわれて、13人が慰安所に送られたのです。

　戦後、収容所のオランダ人を強制的に慰安所に連行していった日本軍将校たちはBC級戦犯裁判で裁かれました。1948年2月14日バタビヤ臨時軍法会議はスマラン慰安婦事件の被告13人のうち、岡田陸軍少佐に対して死刑、11人に最高20年、最低2年の禁固刑を言い渡しました。ムンティランの事例は検察側が訴追しようとしましたが、成功せず、不問に付されました。

　オランダ政府は1993年に「日本占領下オランダ領東インドにおけるオランダ人女性に対する強制売春に関するオランダ政府所蔵文書調査報告」を出しています。（全文はこちら📄）それによると、日本軍の慰安所で働いていたオランダ人女性は200人から300人に上るが、うち65人は売春を強制されたことは「絶対確実である」とのことです。

慰安婦にされた女性たち－インドネシア

　インドネシアは1942年日本軍によって占領されました。この地はオランダ領の植民地であったため、インドネシア人の中には日本軍の占領に好意をみせた人もありました。日本軍は、インドネシアにおいても各地に慰安所を設けました。

　まず最大の島スマトラ島では、北部のベラーワンに慰安所があり、インドネシア人2名と中国人6名の女性がいたという供述があります。つづくジャワ島では、バタヴィア市（現在のジャカルタ）に1942年8月第六慰安所が開設されたということが知られています。ここでは朝鮮人慰安婦7名がいました。慰安所は6ヶ所あったということになります。中部のスマランには1944年に4軒の慰安所がつくられたことが知られています。ここがスマラン事件の舞台となったところです。近くのムンティランにも慰安所がありました。西部のスラバヤでは、3軒の慰安所がありました。セレベス島には、1945年にオランダ軍法会議の要請で日本軍が作成した報告書によれば、マカッサル市内に3軒、全島では21軒の慰安所がありました。市内の3軒は、女性の数が20、30、40人であるとされています。のこり18の慰安所はおのおの慰安婦が10人以下ですが、すべてインドネシア人女性のみです。ボルネオ島には、1942年に台湾から70人の慰安婦が送り込まれています。インドネシアでは、これを単純に総計しただけでも、40ヵ所弱の慰安所があることになります。

　このような慰安所にはインドネシア人の女性が多く送り込まれました。倉沢愛子氏の研究によれば、当初は売春を生業としていた女性たちが送り込まれましたが、やがて、一般の女性たちが送り込まれました。多くは、居住地の区長や隣組の組長を通じて募集が行われたようです。当時の権力関係からして、住民は村の役人や長老には逆らえない状況であったため、「ほぼ強制に近いこともなされたのではないかと思われる」、「反強制が行われていたというのが一般的であろう」とあります。

　また倉沢氏の研究によれば、インドネシアでも、部隊が独自に女性を強制的に連行して、自分たちの駐屯地に慰安所のようなものをつくる例が見られました。西ジャワ地区に多くみられると報告されています。村から町へ働きに出ている女性が帰り道を襲われるというケース、両親が仕事で出かけて、一人で留守番をしている間にさらわれるというケースもみられます。こういう「準慰安婦」の場合、健康管理の最低の措置もなく、妊娠をふせぐコンドームの使用もなく、いかなる報酬の支払いもなかったようです。

慰安婦にされた女性たち－その他の国々

　中国は日本軍の慰安所が最初につくられたところです。その数多くの慰安所には、朝鮮人、台湾人、日本人のほか、中国人の慰安婦も多く集められていました。

　このような都市、駐屯地の慰安所とは、別に、日本軍が占領した中国の農村部において、兵士たちが村の女性をレイプし、一定の建物、場所に監禁し、レイプをつづけるということが行われたという証言があります。山西省孟県では、このような行為の被害者が名乗り出て、日本で訴訟が提起されました。

　北朝鮮でも、慰安婦とされた人々の存在が知られています。ここでは北朝鮮政府の被害調査委員会が1992年5月に発足し、調査活動を行った結果、1年後に131名の慰安婦被害者が申告し、うち34名が公開証言を行いました。2000年になると、申告した被害者の数は218名、公開証言をした者は48名と報告されています。

　この他、ビルマには現地人の慰安婦がいましたし、マレーシアにも慰安所がありました。南のミクロネシアや東チモールにも慰安婦とされた人々がいました。

参考文献

- アジア女性基金編『政府調査「従軍慰安婦」関係資料集成』第1-5巻、龍渓書舎、1997年
- アジア女性基金編『「慰安婦」問題関係文献目録』ぎょうせい、1997年
- アジア女性基金「慰安婦」関係資料委員会編『「慰安婦」問題調査報告・1999』1999年
- 和田春樹「政府発表文書にみる『慰安所』と『慰安婦』――『政府調査「従軍慰安婦」関係資料集成』を読む」、同上
- 波多野澄雄「防衛庁防衛研究所所蔵＜衛生・医事関係資料＞の調査概要」、同上
- 高崎宗司「『半島女子勤労挺身隊』について」、同上
- 浅野豊美「雲南・ビルマ最前線における慰安婦達――死者は語る」、同上
- 倉沢愛子「インドネシアにおける慰安婦調査報告」、同上
- 山本まゆみ、ウィリアム・ブラッドリー・ホートン「日本占領下インドネシアにおける慰安婦――オランダ公文書館調査報告」、同上
- 大沼保昭・下村満子・和田春樹編『「慰安婦」問題とアジア女性基金』東信堂、1998年
- 小野沢あかね「国際連盟における婦人及び児童売買禁止問題と日本の売春問題――1920年代を中心として」、『綜合研究』津田塾大学国際関係研究所、3号、1995年
- 方善柱「米国資料に現れた韓人〈従軍慰安婦〉の考察」、『国史舘論叢』37号、1999年10月
- 吉見義明編『従軍慰安婦資料集』大月書店、1992年
- 吉見義明『従軍慰安婦』岩波新書、1995年、英語版、Comfort Women: Sexual Slavery in the Japanese Military during World War II, Columbia Univ. Press, 2000
- 吉見義明・林博史編『共同研究日本軍慰安婦』大月書店、1995年
- 秦郁彦『昭和史の謎を追う』下、文藝春秋、1993年
- 秦郁彦『慰安婦と戦場の性』新潮社、1999年
- 蘇智良『慰安婦研究』上海書店出版社、1999年
- 蘇智良・陳麗菲・姚霏『上海日軍慰安所実録』上海三聯書店、2005年
- 朱徳蘭編『台湾慰安婦調査と研究資料集』中央研究院中山人文科学研究所、1999年、不二出版、2001年
- Chunghee Sarah Soh, From Imperial Gifts to Sex Slavery:Theorizing Symbolic Representation of the 'Comfort Women', Social Science Japan Journal, Oxford Univ. Press, Vol.3, No.1, April 2000
- 金富子・宋連玉編『「慰安婦」戦時性暴力の実態』I、日本・台湾・朝鮮編、緑風出版、2000年
- 西野瑠美子・林博史編『「慰安婦」戦時性暴力の実態』II、中国・東南アジア・太平洋編、2000年
- Yuki Tanaka, Japan's Comfort Women: Sexual Slavery and Prostitution during World War II and the US Occupation, Routledge, 2002
- 西野瑠美子『戦場の「慰安婦」』明石書店、2003年
- 尹明淑『日本の軍隊慰安所制度と朝鮮人慰安婦』明石書店、2003年

【第二室】

日本政府の対応とアジア女性基金の設立

　この部屋では、慰安婦問題がどのようにして社会問題として取り上げられるようになったかをふりかえり、日本政府がどのように対応したか、慰安婦問題を認めて、謝罪を表明してから、被害者に対する償いの事業を構想する過程について説明します。
　また、1995年にアジア女性基金が設立され、どのような討論をへて、事業の内容が決められたかを明らかにします。

- 「慰安婦」問題が明らかになるまで

- アジア女性基金の誕生と事業の基本性格

パンフレット『アジア女性基金』(1997年)

慰安婦問題が明らかになるまで

「慰安婦」の存在は、日本でまったく知られていなかったわけではありません。戦争に行った人はある程度知っていたことです。しかし、そのことが社会問題としてとりあげられることはほとんどありませんでした。日本と朝鮮の関係に関心を寄せる人は、1965年ぐらいからこのような人々の存在を知っていて、朝鮮植民地支配がもたらしたもっとも残酷な結果がこの人々にあらわれていると考えていました。しかし、これらの犠牲者はいわば歴史の上の人たちだと考えられていたのです。

朝鮮では、戦争の末期の1943年に女子勤労挺身隊の募集が始まると、これに応じると「慰安婦」にされるという噂が流れました。総督府がそのような噂は故意に流されたもので、事実無根だと否定すると、いっそう人々はそのことを本当だと考えるようになりました。

ですから、「慰安婦」という存在は解放後の韓国でも知られていなかったわけではありません。しかし、これはふれたくない問題であったのでしょう。韓国でこの「慰安婦」問題がようやく社会的に取り上げられるようになったのは、1987年の民主化のあとでした。尹貞玉（ユン・ジョンオク）氏の取材記がハンギョレ新聞に発表されたのは、90年1月のことです。日韓の歴史問題、謝罪問題が注目を集めるようになった中で、この問題が浮上しました。

「慰安婦」問題が一挙に韓国の国民の心を捉えるようになるきっかけは、この年6月6日に参議院予算委員会でなされた次のような日本政府委員の答弁でした。

> 従軍慰安婦なるものについて、古い人の話等も総合して聞きますと、やはり民間の業者がそうした方々を軍とともに連れて歩いているとか、そういうふうな状況のようでございまして、こうした実態について私どもとして調査して結果を出すことは、率直に申しましてできかねると思っております。

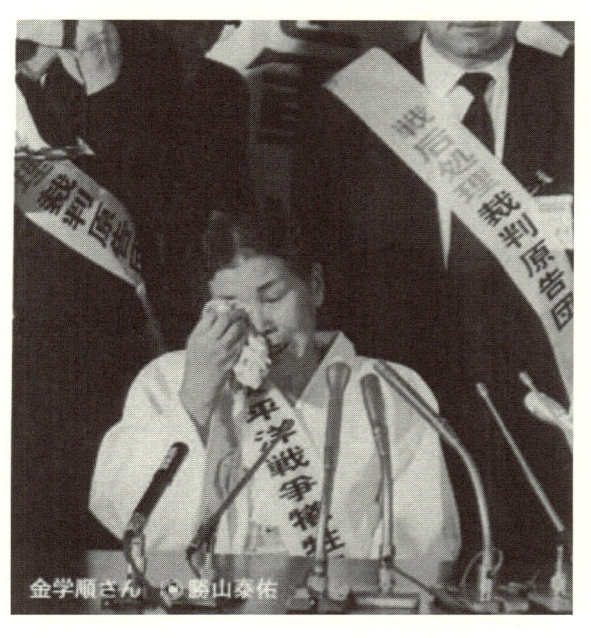

金学順さん ⓒ勝山泰佑

この答弁に対して、韓国では、軍と国家の関与を否定し、調査の可能性を否定したものとして、強い批判が起こりました。90年10月17日韓国の女性団体37団体が挺身隊研究会とともに声明を発表し、日本政府委員の答弁を批判し、「慰安婦」は強制的に連行された存在であることを認めるようにとの要求からはじまる6項目の「要求」を日本政府につきつけたのです。公式謝罪、真相の究明と発表、犠牲者のための慰霊碑の建設、生存者遺族への補償、歴史教育での取り上げが具体的な要求でした。これが年末に日本に伝わり、国会でも再質問がされました。

日本政府の対応とアジア女性基金の設立

決定的であったのは91年夏、犠牲者の一人、金学順(キム・ハクスン)さんがソウルで名乗り出て、日本の責任を告発するにいたったことです。金さんは、この年12月の太平洋戦争被害者の補償要求訴訟に、ただひとり実名を名乗って原告となりました。

　衝撃を受けた日本では、女性たちを中心に運動が急速に広まりました。1992年1月11日吉見義明中央大学教授が北支那派遣軍参謀長岡部直三郎の通牒などを、軍の関与を証明する資料として発表しました。これが強い印象を与えました。

　日本政府も本格的な調査に乗り出しました。政府の調査の結果はまず、第一次分が1992年(平成4年)7月6日に加藤紘一官房長官の発表とともに示されました。

>　調査結果について…申し上げると、慰安所の設置、慰安婦の募集に当たる者の取締り、慰安施設の築造・増強、慰安所の経営・監督、慰安所・慰安婦の衛生管理、慰安所関係者への身分証明書等の発給等につき、政府の関与があったことが認められたということである。
>　政府としては、国籍、出身地の如何を問わず、いわゆる従軍慰安婦として筆舌に尽くし難い辛苦をなめられた全ての方々に対し、改めて衷心よりお詫びと反省の気持ちを申し上げたい。また、このような過ちを決して繰り返してはならないという深い反省と決意の下に立って、平和国家としての立場を堅持するとともに、未来に向けて新しい日韓関係及びその他のアジア諸国、地域との関係を構築すべく努力していきたい。
>　この問題については、いろいろな方々のお話を聞くにつけ、誠に心の痛む思いがする。このような辛酸をなめられた方々に対し、我々の気持ちをいかなる形で表すことができるのか、各方面の意見も聞きながら、誠意をもって検討していきたいと考えている。

　このときまでに発見された資料は防衛庁70件、外務省52件など、127件でした。これでは調査不十分だという声があがり、政府の認識も批判されました。政府はこの批判をえて、調査を国内でつづけるとともに、海外にも拡大しました。進んだ調査の結果は、1993年8月4日、河野洋平官房長官の談話とともに政府より発表されました。内閣外政審議室は、内外関係機関での資料の調査、国内での関係者からの聞き取り、ソウルでの被害者16人からの聞き取りをまとめて、調査結果を発表しました。防衛庁防衛研究所図書館所蔵資料117点、外務省外交史料館所蔵資料54点、旧厚生省資料4点、旧文部省資料2点、国立公文書館資料21点、国立国会図書館資料17点、米国国立公文書館資料19点の存在が明らかにされました。

　河野官房長官の談話(全文はこちら📄)は、政府調査によって得られた認識とそれにもとづく判断を、次のように述べています。

慰安所は、当時の軍当局の要請により設営されたものであり、慰安所の設置、管理及び慰安婦の移送については、旧日本軍が直接あるいは間接にこれに関与した。慰安婦の募集については、軍の要請を受けた業者が主としてこれに当たったが、その場合も、甘言、強圧による等、本人たちの意思に反して集められた事例が数多くあり、更に、官憲等が直接これに加担したこともあったことが明らかになった。また、慰安所における生活は、強制的な状況の下での痛ましいものであった。

　本件は、当時の軍の関与の下に、多数の女性の名誉と尊厳を深く傷つけた問題である。政府は、この機会に、改めて、その出身地のいかんを問わず、いわゆる従軍慰安婦として数多の苦痛を経験され、心身にわたり癒しがたい傷を負われたすべての方々に対し心からお詫びと反省の気持ちを申し上げる。

　また、そのような気持ちを我が国としてどのように表すかということについては、有識者のご意見なども徴しつつ、今後とも真剣に検討すべきものと考える。われわれはこのような歴史の真実を回避することなく、むしろこれを歴史の教訓として直視していきたい。われわれは、歴史研究、歴史教育を通じて、このような問題を永く記憶にとどめ、同じ過ちを決して繰り返さないという固い決意を改めて表明する。

　当時の石原信雄官房副長官は、河野談話をとりまとめた経過について次のように証言しています。

　現地調査をしよう、日本の政府が任命した調査官がソウルへ行って慰安婦の人たちにお会いして、その人たちの話から状況判断、心証をえて、強制的に行かされたかどうかを最終的に判断しようということにしたわけです。‥‥各省から何人か、3人ぐらいでしたか、慰安婦の人たち16人にお会いしたんですよ。‥‥その報告の内容から、明らかに本人の意に反して連れて行かれた人、それはだまされた人、普通の女子労働者で募集があって行ったところが慰安所に連れて行かれたという人、それからいやだったんだが、朝鮮総督府の巡査が来て、どうしても何人か出してくれと割り当てがあったというので、そういう脅しというか、圧力があって、断れなかったというような人がいた。何人かそういう人がいたので、総合判断として、これは明らかにその意に反して慰安婦とされた人たちが16人のなかにいることは間違いありませんという報告を調査団の諸君から受けたわけです。‥‥結局私どもは通達とか指令とかという文書的なもの、強制性を立証するような物的証拠は結局見つけられなかったのですが、実際に慰安婦とされた人たち16人のヒヤリングの結果は、どう考えても、これは作り話じゃない、本人がその意に反して慰安婦にされたことは間違いないということになりましたので、そういうことを念頭において、あの「河野談話」になったわけです。そこのところは結局調査団の報告をベースにして政府として強制性があったと認定したわけです。（アジア女性基金オーラルヒストリー・プロジェクトの聞き取りより、2006年3月7日）（全文はこちら📄）

河野官房長官の談話は「従軍慰安婦」問題について日本政府が到達した認識と態度を表したものでした。お詫びと反省の気持ちをどのように表すか、それはその後長く議論されていくことになりました。

　この問題が社会的な問題として、大きくクローズアップされるについては、名乗りでた被害者の存在が大きな役割を演じました。2002年11月現在韓国で政府に届け出て認定され登録された犠牲者は207名です。そのうち72名がすでに亡くなっておられます。台湾では登録された方のうち生存しているのは36名といわれています。フィリピン、オランダ、インドネシア、中国、北朝鮮、その他の国々にも名乗り出られた方がおられます。

　いずれにしても多くの人がこの世を去ったか、名乗り出ることをのぞんでおられないのです。名乗り出た方は全体被害者のごく一部であることを忘れてはなりません。

アジア女性基金の誕生と事業の基本性格

　1994年（平成6年）に村山富市総理を首班とする自民、社会、さきがけの三党連立政権が誕生しました。
　同年8月31日、村山総理は戦後50年に向けた談話の中で、「慰安婦」問題について、あらためて「心からの深い反省とお詫びの気持ち」を表明し、この気持ちを国民に分かち合ってもらうために、「幅広い国民参加の道」を探求すると明らかにしました。（全文はこちら📄）
　この談話を受けて、与党三党は、「戦後50年問題プロジェクト」（共同座長虎島和夫＝自民党、上原康助＝社会党、荒井聡＝新党さきがけ）をスタートさせ、「慰安婦」問題は「従軍慰安婦問題等小委員会」（武部勤委員長）で検討を進めました。

　与党と政府部内では、これまでの日本政府の方針が検討されました。政府は、先の大戦にかかわる賠償及び財産、並びに、請求権の問題は、サンフランシスコ平和条約、およびその他の関連する2国間条約などにのっとって対応してきたとの方針を採ってきました。そうである以上、新たに国家として個人補償を行うことはできないという立場でした。これに対して、与党の中では個人補償を行うべきだという考えが強く主張されました。意見の対立は、問題の解決に早急にあたるという観点から調整され、1994年（平成6年）12月7日、この問題での「第一次報告」がとりまとめられました。（全文はこちら📄）

　政府は、この「報告」を受けて、「慰安婦」問題に関して道義的責任を認め、政府と国民が協力して、「基金」を設立し、元「慰安婦」の方々に対する全国民的な償いの気持ちをあらわす事業と、女性をめぐる今日的な問題の解決のための事業を推進することを決定しました。

　まず平成7年度予算に「基金」経費への補助金4億8千万円を計上し、1995年（平成7年）6月14日、五十嵐広三官房長官は、「女性のためのアジア平和友好基金」（仮称）の事業内容と、政府の取り組みを以下のように説明し、合わせて「基金」の設立を呼びかける「呼びかけ人」の顔ぶれを発表しました。まず、(1) 元「慰安婦」の方々への国民的な償いを行うため広く国民に募金をもとめる。(2) 元「慰安婦」の方々に対する医療、福祉などお役に立つような事業を行うものに対して、政府資金等により支援する。(3) この事業を実施する折、政府は元「慰安婦」の方々に対し、国としての率直な反省とお詫びの気持ちを表明する。(4) 政府は、「慰安婦」関係の歴史資料を整えて、歴史の教訓とする。またこれに関連して、女性に対する暴力など今日的な問題の解決のための事業を行うものに対し、政府資金等により支援することも明らかにされました。（全文はこちら📄）

日本政府の対応とアジア女性基金の設立

アジア女性基金の誕生と事業の基本性格

7月18日には村山総理の「ごあいさつ」（全文はこちら🗎）と「基金」の呼びかけ人による「呼びかけ文」が記者会見で発表されました。

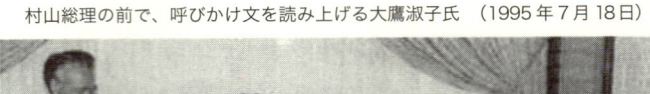

村山総理の前で、呼びかけ文を読み上げる大鷹淑子氏 （1995年7月18日）

アジア女性基金への拠金を呼びかける呼びかけ文

　戦争が終わってから、50年の歳月が流れました。
　この戦争は、日本国民にも諸外国、とくにアジア諸国の人々にも、甚大な惨禍をもたらしました。なかでも、十代の少女までも含む多くの女性を強制的に「慰安婦」として軍に従わせたことは、女性の根源的な尊厳を踏みにじる残酷な行為でした。こうした女性の方々が心身に負った深い傷は、いかに私たちがお詫びしても癒すことができるものではないでしょう。
　しかし、私たちは、なんとか彼女たちの痛みを受け止め、その苦しみが少しでも緩和されるよう、最大限の力を尽くしたい、そう思います。これは、これらの方々に耐え難い犠牲を強いた日本が、どうしても今日はたさなければならない義務だと信じます。

　政府は遅ればせながら、1993年8月4日の内閣官房長官談話と1994年8月31日の内閣総理大臣の談話で、これらの犠牲者の方々に深い反省とお詫びの気持ちを表わしました。そしてこの6月14日に、その具体的行動を発表しました。
(1)「慰安婦」制度の犠牲者への国民的な償いのための基金設置への支援、(2)彼女たちの医療、福祉への政府の拠金、(3)政府による反省とお詫びの表明、(4)本問題を歴史の教訓とするための歴史資料整備、というのがその柱です。基金は、これらの方々への償いを示すため、国民のみなさまから拠金を受けて彼女たちにこれをお届けすると共に、女性への暴力の廃絶など今日的な問題への支援も行うものです。私たちは、政府による謝罪と共に、全国民規模の拠金による「慰安婦」制度の犠牲者への償いが今どうしても必要だ、という信念の下にこの基金の呼びかけ人となりました。

私たちは、「慰安婦」制度の犠牲者の名誉と尊厳の回復のために、歴史の事実の解明に全力を尽くし、心のこもった謝罪をするよう、政府に強く求めてまいります。同時に、彼女たちの福祉と医療に十分な予算を組み、誠実に実施するよう、監視の目を光らせるつもりです。さらに、日本や世界にまだ残る女性の尊厳の侵害を防止する政策を積極的にとるよう、求めてまいります。

　しかし、なによりも大切なのは、一人でも多くの日本国民が犠牲者の方々の苦悩を受け止め、心からの償いの気持ちを示すことではないでしょうか。戦時中から今日まで50年以上に及ぶ彼女たちの屈辱と苦痛は、とうてい償いきれるものではないでしょう。それでも、私たち日本国民の一人一人がそれを理解しようと努め、それに基づいた具体的な償いの行動をとり、そうした心が彼女たちに届けば、癒し難い苦痛をやわらげるのに少しは役立ってくれる、私たちはそう信じております。

　「従軍慰安婦」をつくりだしたのは過去の日本の国家です。しかし、日本という国は決して政府だけのものでなく、国民の一人一人が過去を引き継ぎ、現在を生き、未来を創っていくものでしょう。戦後50年という時期に全国民的な償いをはたすことは、現在を生きる私たち自身の、犠牲者の方々への、国際社会への、そして将来の世代への責任であると信じます。

　この国民基金を通して、一人でも多くの日本の方々が償いの気持ちを示してくださるよう、切に参加と協力をお願い申し上げる次第です。

1995年7月18日

「女性のためのアジア平和国民基金」呼びかけ人

赤松　良子	大沼　保昭	須之部　量三	荻原　延壽
芦田　甚之助	岡本　行夫	高橋　祥起	三木　睦子
衛藤　瀋吉	加藤　タキ	鶴見　俊輔	宮崎　勇
大来　寿子	下村　満子	野田　愛子	山本　正
大鷹　淑子	鈴木　健二	野中　邦子	和田　春樹

　翌19日には第一回の理事会が開かれ、「女性のためのアジア平和国民基金」(略称アジア女性基金)が正式に発足しました。7月末、原文兵衛前参議院議長が基金理事長に就任しました。

アジア女性基金設立の集まりで歓談する村山総理と原理事長

第1回理事会で挨拶する五十嵐官房長官

　その年、戦後50年を迎えた8月15日、基金は村山総理の「ごあいさつ」と「基金」の呼びかけ人による「呼びかけ文」を全国紙6紙の朝刊に全面広告で発表しました。
　その日の午前、村山総理は、閣議決定に基づき、戦後50年の総理談話（全文はこちら）を発表しました。

> わが国は、遠くない過去の一時期、国策を誤り、戦争への道を歩んで国民を存亡の危機に陥れ、植民地支配と侵略によって、多くの国々、とりわけアジア諸国の人々に対して多大の損害と苦痛を与えました。私は…疑うべくもないこの歴史の事実を謙虚に受け止め、ここにあらためて痛切な反省の意を表し、心からのお詫びの気持ちを表明いたします。

　その日のうちに1455万円の拠金が寄せられ、月末には募金額は3778万円に達しました。募金はこの年末には1億3375万円になりました。1996年3月には2億円をこえ、4月には3億円を超え、6月には4億円を超えました。

「女性のためのアジア平和国民基金」に拠金を呼びかけます。

ごあいさつ

村山富市

「従軍慰安婦」にされた方々への償いのために。

さらに今日的な女性問題の解決のために。

基金は政府と国民の協力で。

女性のためのアジア平和国民基金

理事長　原　文兵衛

アジア女性基金の誕生と事業の基本性格

　基金の成立に対して、韓国政府は「一部事業に対する政府予算の支援という公的性格が加味されており」、「当事者に対する国家としての率直な反省及び謝罪を表明し」、「真相究明を行い、これを歴史の教訓にするという意志が明確に含まれている」とし、これを「誠意ある措置」として歓迎する意向を示しました。他方、運動団体の多くは、日本政府の謝罪と補償を要求し、「民間団体」による「慰労金」支給は受け入れられないと批判しました。その結果、韓国政府の態度もこれに影響を受けました。運動団体はその後問題の本質は戦争犯罪であるとして、法的責任を認めること、責任者を処罰することをもとめるにいたり、国連の人権委員会などでそれらの主張を訴えました。

　国連人権委員会の「女性に対する暴力に関する特別報告者」に任命されたクマラスワミ氏は、1996年1月4日、人権委員会に報告書の付録として「慰安婦」問題に関する北朝鮮、韓国、日本での訪問調査の報告書を提出しました。その中で、「慰安婦」問題を「軍事的性奴隷制」の事例であったとし、日本政府は国際人道法の違反につき法的責任を負っていると主張しました。もっとも、同氏は、日本政府がこの件での道義的責任を認めていることを「出発点として歓迎する」と述べ、アジア女性基金は「『慰安婦』の運命に対する日本政府の道義的配慮の表現」だとしましたが、これによって政府は「国際公法の下で行われる『慰安婦』の法的請求を免れるものではない」と強調しています。日本政府は法的責任を認め、補償を行い、資料を公開し、謝罪し、歴史教育を考え、責任者を可能な限り処罰すべきだというのが同報告書の勧告でした。（全文はこちら）

　このような状況の中で、初期の「基金」は、呼びかけ人、理事、運営審議会委員の三者が一つになって、「基金」の事業の骨格を作り上げるための討論を重ねました。その上で政府の関係者との話し合いもへて、「基金」の事業の基本が決められたのです。それが明確に定式化されたのは、1996年9月に出された「アジア女性基金」のパンフレット第2号においてです。

呼びかけ人理事会運営審議会による三者会合

　まず、アジア女性基金は日本政府が「慰安婦」問題に対する道義的責任を認め、反省とお詫びを表明したことに基づいて、国民的な償いの事業を政府との二人三脚によって実施するものであることが明確にされました。その事業は、当該国や地域の政府、ないし政府の委任による民間団体が認定した元「慰安婦」の方々に対して実施されます。

　国民的な「償い事業」は三本の柱からなっています。
　第一は、総理の手紙です。手紙は、「慰安婦」問題の本質は、軍の関与のもと、女性の名誉と尊厳を深く傷つけたところにあるとして、多くの苦痛を経験し、癒しがたい傷を負われたすべての人々に対し、道義的な責任を認め、心からのお詫びと反省を表明するとしています。

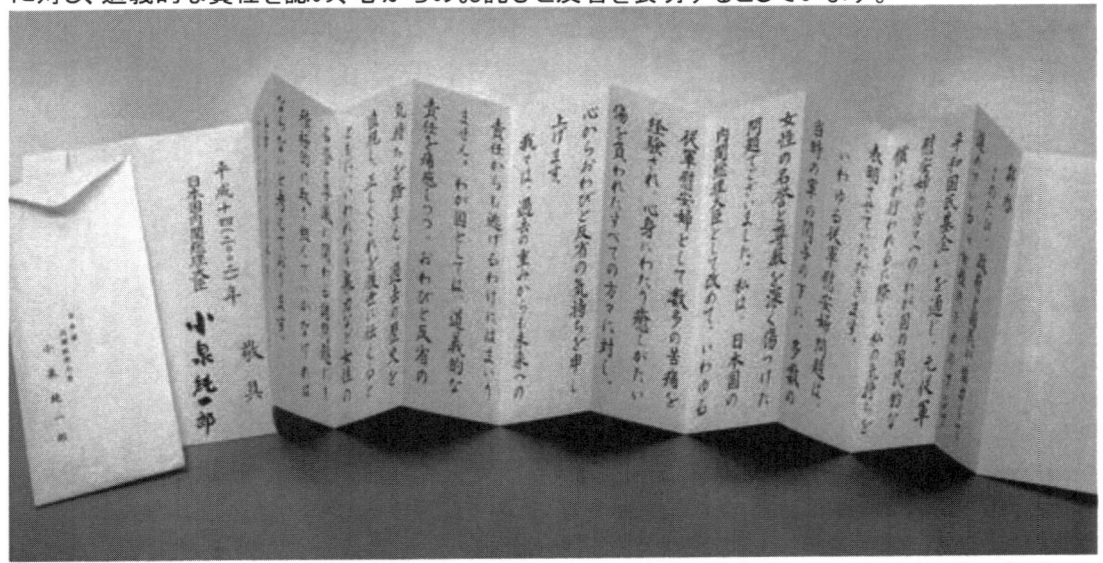

また歴史を直視し、正しく後世に伝えることを約束しています。基金は、この手紙を元「慰安婦」の方々お一人おひとりにおわたしします。それに加えて基金としては、政府と国民の立場が一層はっきりと被害者につたえられるように「基金」理事長の手紙をそえることにしました。

日本政府の対応とアジア女性基金の設立

元「慰安婦」の方への総理のおわびの手紙

拝啓

　このたび、政府と国民が協力して進めている「女性のためのアジア平和国民基金」を通じ、元従軍慰安婦の方々へのわが国の国民的な償いが行われるに際し、私の気持ちを表明させていただきます。

　いわゆる従軍慰安婦問題は、当時の軍の関与の下に、多数の女性の名誉と尊厳を深く傷つけた問題でございました。私は、日本国の内閣総理大臣として改めて、いわゆる従軍慰安婦として数多の苦痛を経験され、心身にわたり癒しがたい傷を負われたすべての方々に対し、心からおわびと反省の気持ちを申し上げます。

　我々は、過去の重みからも未来への責任からも逃げるわけにはまいりません。わが国としては、道義的な責任を痛感しつつ、おわびと反省の気持ちを踏まえ、過去の歴史を直視し、正しくこれを後世に伝えるとともに、いわれなき暴力など女性の名誉と尊厳に関わる諸問題にも積極的に取り組んでいかなければならないと考えております。

　末筆ながら、皆様方のこれからの人生が安らかなものとなりますよう、心からお祈りしております。

敬具

平成8(1996)年
日本国内閣総理大臣　橋本龍太郎
（歴代署名：小渕恵三、森喜朗、小泉　純一郎）

元「慰安婦」の方への理事長の手紙

謹啓

　日本国政府と国民の協力によって生まれた「女性のためのアジア平和国民基金」は、かつて「従軍慰安婦」にさせられて、癒しがたい苦しみを経験された貴女に対して、ここに日本国民の償いの気持ちをお届けいたします。

　かつて戦争の時代に、旧日本軍の関与のもと、多数の慰安所が開設され、そこに多くの女性が集められ、将兵に対する「慰安婦」にさせられました。16、7歳の少女もふくまれる若い女性たちが、そうとも知らされずに集められたり、占領下では直接強制的な手段が用いられることもありました。貴女はそのような犠牲者のお一人だ

とうかがっています。
　これは、まことに女性の根源的な尊厳を踏みにじる残酷な行為でありました。貴女に加えられたこの行為に対する道義的な責任は、総理の手紙にも認められているとおり、現在の政府と国民も負っております。われわれも貴女に対して心からお詫び申し上げる次第です。
　貴女は、戦争中に耐え難い苦しみを受けただけでなく、戦後も50年の長きにわたり、傷ついた身体と残酷な記憶をかかえて、苦しい生活を送ってこられたと拝察いたします。
　このような認識のもとに、「女性のためのアジア平和国民基金」は、政府とともに、国民に募金を呼びかけてきました。こころある国民が積極的にわれわれの呼びかけに応え、拠金してくれました。そうした拠金とともに送られてきた手紙は、日本国民の心からの謝罪と償いの気持ちを表しております。
　もとより謝罪の言葉や金銭的な支払いによって、貴女の生涯の苦しみが償えるものとは毛頭思いません。しかしながら、このようなことを二度とくりかえさないという国民の決意の徴（しるし）として、この償い金を受けとめて下さるようお願いいたします。
　「女性のためのアジア平和国民基金」はひきつづき日本政府とともに道義的責任を果たす「償い事業」のひとつとして医療福祉支援事業の実施に着手いたします。さらに、「慰安婦」問題の真実を明かにし、歴史の教訓とするための資料調査研究事業も実施してまいります。
　貴女が申し出てくださり、私たちはあらためて過去について目をひらかれました。貴女の苦しみと貴女の勇気を日本国民は忘れません。貴女のこれからの人生がいくらかでも安らかなものになるようにお祈り申し上げます。

　　　　　　　　　　　　　　　　　　　　　平成8(1996)年
　　　　　　　　　　　　　　　　財団法人女性のためのアジア平和国民基金
　　　　　　　　　　　　　　　　　　　　　　理事長　原文兵衛
　　　　　　　　　　　　　　　　　　　　（歴代署名：村山 富市）

　第二は、元「慰安婦」の方々への国民からの「償い金」の支給です。国民からの募金に基づいて、一人あたり200万円をお渡しするものです。
　第三は、医療福祉支援事業です。これは日本政府が道義的責任を認め、その責任を果たすために、犠牲者に対して5年間で総額8.3億円の政府資金により医療福祉支援事業を実施するものだとの位置づけがあたえられました。この規模は、各国・地域の物価水準を考慮にいれてきめました。韓国と台湾については一人あたり300万円相当、フィリピンについては120万円相当とさだめられました。方式のちがうオランダでも、一人あたり300万円相当となりました。

アジア女性基金の誕生と事業の基本性格

　国民的な償いの事業とともに、歴史の教訓とする事業もアジア女性基金の活動の柱のひとつとされました。基金の中に歴史資料委員会が設置され、資料の収集、刊行を推進することになりました。この委員会はまず「慰安婦問題」文献目録(ぎょうせい1997年)を出版しました。ついで政府が調査して集めた慰安婦関係の資料をそのまま複写する形で『政府調査「従軍慰安婦」関係資料集成』全5巻(龍溪書舎出版)を刊行しました。

　アジア女性基金は最初、フィリピン、韓国、台湾に対する事業から出発しました。募金額は最初の2年間に4億円が集まりましたが、6年目の2000年8月の段階では、4億4800万円でした。そこで基金は重大な決意をもって、2000年9月募金活動「キャンペーン2000」を開始し、さらなる募金の努力をおこなった結果、この期間でほぼ1億1600万円余の募金協力があり、最終的な募金総額は2002年10月には、約5億6500万円となりました。

　　この事業の実施の過程で注目すべきことは、フィリピン政府による認定作業のさいに、前線の部隊が女性たちを連行し、一定期間駐屯地の建物に監禁し、連続的にレイプを加えるというあり方を慰安所の代替物、準慰安所と認め、そこで犠牲となった女性たちも慰安婦として認定したことです。
　さらに台湾での事業実施の過程で、台湾の支援団体から、アジア女性基金をうけとることは、法的根拠によって政府の措置を要求する訴訟をおこす権利を侵害することがない旨明確にしてほしいという要望が出されたため、基金は政府と交渉して、1996年10月「アジア女性基金事業に関する政府の法的立場」(全文はこちら📄)なる法的文書を獲得したことです。

　フィリピンでは1996年8月、韓国では1997年1月、台湾では1997年5月に事業を開始し、それぞれ5年間事業を継続し、2002年9月終了いたしました。この結果これらの国・地域で「償い金」の受領者は285人に達しました。

　国民からの募金額に対して約500万円の不足となったので、アジア女性基金は民間からの寄付金で造成されている基本財産の一部を処分し、その不足を補い総額5億7000万円の「償い金」が被害者の方々へ送られました。

　1998年7月、オランダでは、違った方式の「償い事業」が実施されました。この場合は医療福祉支援事業と総理の書簡が実施されることになりました。オランダでは79名の方々にたいして医療福祉支援事業を実施して、2001年7月、事業は終りました。
　これ以外の国々、中国、北朝鮮、マレーシア、東チモールなどに慰安婦被害者がいたことが知られていますが、これらの国々の被害者にはさまざまな理由でアジア女性基金の「償い事業」は実施することができませんでした。

　またインドネシアでは、同国政府の方針により元「慰安婦」の方々にたいする直接的な事業の代わりに、同国政府の要請により政府資金によって元「慰安婦」を含めた高齢者を対象として「高齢者社会福祉推進」事業を支援しました。1997年からはじまったこの事業は10年間、総額3億7000万円の規模で実施されました。この事業は2007年3月に終了しました。

原文兵衛理事長（1999年9月7日逝去）の思い出

寡黙だが、肝心なとき明確なご方針

有馬真喜子　理事（前副理事長）

原文兵衛理事長を偲ぶ会（1999年12月12日）にて

　女性のためのアジア平和国民基金（アジア女性基金）が発足したのは平成七年、1995年7月19日でした。戦後50年の節目の年に当たり、戦争責任、戦後責任をめぐる世論が噴き出しているころでした。
　その前年から、当時の与党三党は、「戦後50年問題プロジェクト」を設置し、戦後50年の年への取り組みのために、いくつかの検討を進めておられました。いわゆる従軍慰安婦であった方々へのお詫びと償いを行うための「アジア女性基金」の構想はその大きな柱でした。
　構想が発表されると賛否両論の世論は激しく、基金は荒波の中を船出しなければならないことが予想されました。そうした環境の中で、基金の理事長をお引き受けくださったのが、当時参議院議長だった原文兵衛先生でした。原議長が理事長をお引き受けくださったとうかがったときの感動と安堵を私は忘れません。参議院議長室にお礼にうかがったとき、原先生は、あの温顔で、皆さんもご苦労さんですね、とかえって私たちを励ましてくださいました。
　平成7年、1995年8月1日の基金の初めての理事会の際、原理事長は、私たち日本国民一人ひとりが、元慰安婦であった方々の痛みをしっかり受け止め、すでに高齢になっておられるこの方々の苦しみが少しでも緩和されるよう最大限の努力をすることが大切であると述べられ、同時に、過去の反省にたって、今日の女性の名誉と尊厳を侵害する行動にも断固として取り組んでいかなければならないと、基金の方向をしっかり示されました。
　理事長に就任されてからの原理事長について、基金に関係する多くの者がもっとも印象に残っているのは、当時頻繁に開かれた基金の理事会や、呼びかけ人・理事・運営審議会委員で構成する三者懇談会が、どんなに夜遅くまで続いても、またその後の記者会見がどんなに遅くなっても、理事長は端然としてその場に同席してくださっていたことです。午前一時、二時になることも珍しくありませんでしたが、理事長はまったく席をお立ちになりませんでした。
　また、一つ一つの対立点をめぐって基金の理事会や三者懇談会で激しい言葉が飛び交うことがありましたが、そのときも理事長はだれの意見にもじっと耳を傾けていらっしゃって、そのうち議論は静まりました。理事長の存在感の大きさは、他のどなたにも代えがたいと私たちは痛感したものでした。基金に関係する人々は、戦後補償問題や国家責任の在り方について、個人的には

さまざまな意見をもっています。決して一枚岩ではありません。その人々が、あれから4年余り、さまざまな困難に直面しながらも、こうして力を合わせて仕事を続け、一定の成果をあげることができたのは、ひとえに原理事長という求心力があってのことと、今更のように思います。

　原理事長は寡黙でいらっしゃいましたが、肝心なときにははっきりと必要なことをお示しになり、方針を出してくださいました。私の手元には、原理事長がお書きになった一枚の紙があります。さまざまな意見があった初期の理事会にあたり、理事長が基本方針を示されたものです。それにはこう書かれています。

一、償い金は一律二百万円とすること
一、実情に応じて介護給付（仮称）を行うこと
一、右は基金設立後一年の七月、遅くとも募金開始後一年の八月十五日迄に開始すること

このように、理事長のご方針は明確でした。

　理事長を喪ったいま、私たちは、しばし途方にくれています。しかし、理事長のご指導のもと進めてきたこの事業をとどこおりなく、誠実に続けることこそ、理事長のご恩に報いること存じております。

　理事長、数々のご指導、ありがとうございました。

（冊子「故原文兵衛理事長をしのぶ会」はこちら📄）

【第三室】

アジア女性基金の償い事業

この部屋では、アジア女性基金が各国・地域で実施した事業の背景と内容を説明いたします。また、事業を受け取られた被害者の声や拠金者のメッセージ、事業にかかわった関係者たちの証言を収めています。

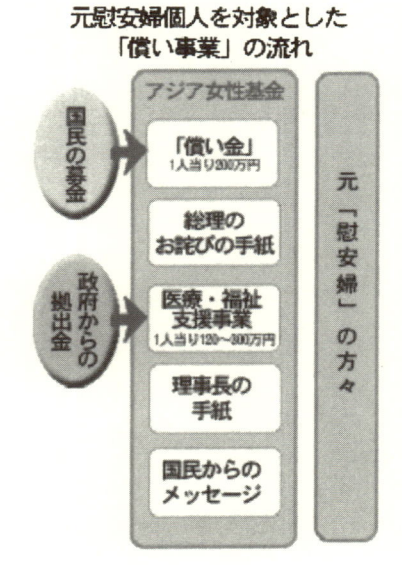

- 各国・地域における償い事業の内容
  - フィリピン
  - 韓国
  - 台湾
  - オランダ
  - インドネシア

- 被害者の声

- 拠金者からのメッセージ

- 基金事業にかかわった関係者の回想

- アジア女性基金の解散とその後

元慰安婦個人を対象とした「償い事業」の流れ

国民の募金 → アジア女性基金
- 「償い金」 1人当り200万円
- 総理のお詫びの手紙

政府からの拠出金 →
- 医療・福祉支援事業 1人当り120〜300万円
- 理事長の手紙
- 国民からのメッセージ

→ 元「慰安婦」の方々

フィリピンにおける償い事業の内容

対象国・地域	申請受付・実施期間	事業内容
フィリピン	1996.8.13～2001.8.12	1)「償い金」(200万円) 2) 医療・福祉支援事業(120万円規模) 3) 総理の手紙等

【背景】

戦後、フィリピンは、サンフランシスコ平和条約に調印した上で、先の大戦に係る賠償並びに財産及び請求権の問題は、日本とフィリピンとの間でも法的に解決済みとされました。平和条約第14条(a)1の規定に基づき、1956年に日本との間に賠償協定が結ばれ、同協定により、日本はフィリピンに対して5億5000万ドル相当の役務及び生産物を提供しました。しかし、慰安婦問題が提起されると、この国の被害者に対しても対応が迫られました。

1992年6月、日本軍の「慰安婦」にされた女性に名乗り出るように求めたラジオ放送を聞いたロサ・ヘンソンさんが決意して、人権活動家のネリア・サンチョ氏らに会い、自らの体験を話しました。同年9月18日、彼女は初めて記者会見の場に立ちました。ロサ・ヘンソンさんは、最初のレイプのあと、ゲリラに参加したところ、捕らえられて、再びレイプされ、日本軍の司令部に連行されて、9ヶ月間他の女性とともに監禁されて、レイプされ続けたという人でした。

ネリア・サンチョさんは、ヘンソンさんのような被害者を訪ねて聞き取りを行いました。1993年4月、ロサ・ヘンソンさんと他の18人の元「慰安婦」、ロラ(タガログ語の「おばあちゃん」)たちが原告となって、日本政府の謝罪と補償をもとめる訴訟を東京地裁に起こしました。1994年、この人々はリラ・ピリピーナという運動グループを結成しました。原告の数は、最終的に46名となりました。この訴訟は地裁、高裁で敗訴となり、2003年12月25日最高裁判所で上告が棄却されました。

【事業の実施】（基金担当者の回想はこちら）

　1995年アジア女性基金が設立されると、リラ・ピリピーナは国の補償を求めてこれに反対していましたが、ロラたちの中にはアジア女性基金の「償い事業」を受け止めたいという人もあらわれました。ロサ・ヘンソンさんもそのひとりでした。そのため、リラ・ピリピーナは、アジア女性基金の「償い金」を受けとることと訴訟を続けることとは両立するとの判断に立って、組織の中にアジア女性基金を受けとるロラを支援する委員会を設置しました。

現地新聞に載った告示

　受けとり申請のための書類には「慰安婦」とされた当時の状況の記述、写真、軍施設所在地の責任者の署名入り証明書、出生証明書及び婚姻証明書等の添付が必要で、その作成は手間のかかる作業でした。

　フィリピン政府タスク・フォース（「フィリピン政府外務省、社会福祉開発省、司法省、保健省とフィリピン女性の役割委員会で構成された『慰安婦』問題特別委員会」）が最終的にこの「償い事業」のフィリピン側の協議機関でしたが、タスク・フォースは、「慰安婦」の認定についてはフィリピン司法省に、医療福祉支援事業に関しては社会福祉開発省に実務の執行を委ねました。申請書類が基金に提出されると、司法省に渡され、審査が始まります。

　司法省の検事たちが面接をした上で、書類の内容を確かめ、さらに詳しく聞いた上で、認定、非認定の結論を出します。

　その結果、元「慰安婦」と認定された方には、在フィリピン日本大使館からフィリピン外務省を通して総理のお詫びの手紙が届けられ、基金が「償い金」をお渡しします。併せて、フィリピン政府の社会福祉開発省を通して日本政府の予算で一人あたり120万円相当の医療福祉支援事業が実施されます。これがフィリピンでの事業のかたちです。

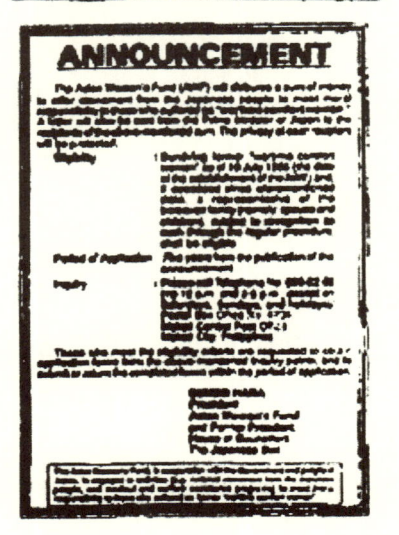

　アジア女性基金は、1996年8月13日、フィリピン各紙で事業内容を公示しました。（全文はこちら）

アジア女性基金の償い事業　　51

ついで翌8月14日、認定をうけた4人のうち、ロサ・ヘンソン、アナスタシア・コルテス、ルフィナ・フェルナンデスさんの3人に対して、マニラのホテルで「償い事業」の伝達式がおこなわれました。在フィリピン日本大使が総理のお詫びの手紙（全文はこちら📄）をお渡しし、基金の有馬真喜子副理事長（当時）が理事長の手紙と「償い金」の目録をお渡ししました。

償い事業のお届け式
写真左より、マリア・ロサ・ヘンソンさん、有馬真喜子アジア女性基金副理事長、
アナスタシア・コルテスさん、ルフィナ・フェルナンデスさん

記者会見席上、受け取った「総理のお詫びの手紙」を掲げる被害者たち

　100名を超える記者の前で、ロサ・ヘンソンさんは「いままで不可能と思っていた夢が実現しました。大変幸せです」と話し、コルテスさんが「50年以上、苦しんできましたが、今は正義と助けを得られ幸福に思っています」と続きました。フェルナンデスさんは、「今日皆様の前に出たのは、総理の謝罪を得られたからです。感謝しています」と語りました。ヘンソンさんは、記者会見で「これで許すのか」の問いに、「1992年9月に名乗り出てから何度も『許すのか』と聞かれた。そして『許した』と答えてきた。なぜならそうしないと神様が自分を許さないと思うから」と答えました。

> 「多くの仲間や日本の支援者は、『国家補償でないと人間としての尊厳は取り戻せない』と、私を非難しました。しかしアジア女性基金を受け入れることと、裁判を続けることは矛盾しませんし、妨げになるものでもありません。」－マリア・ロサ・ヘンソン

「償い金」の使途について、後にこの3名の女性は、生まれて初めて大きな病院で自分の身体を検査して、医師の診察を受けたのが嬉しかったと述べています。医療福祉支援事業はこうした多くの高齢者がかかえる健康に対する不安に応えるために準備されました。フィリピン社会福祉開発省とアジア女性基金の間で、覚書をかわし、1997年1月から事業を開始しました。

　基金の資金でソーシャルワーカーが雇用され、一人ひとりの要望に添ったサービス、バリアフリーへの住宅改造、介護サービス、医薬品の供与、車椅子の提供などの援助がなされました。ソーシャルワーカーは大体10人に1人をつけるという考えで、1999年末現在では10人が雇用されていました。ソーシャルワーカーは担当しているロラのところを定期的に巡回し、高齢者の元慰安婦の方々の心身の健康や環境の変化に細かく心配りをしました。このことは同時に、若いソーシャルワーカーが、戦争を経験した世代から学び、戦争や平和、女性の人権について考える機会ともなりました。

　フィリピン社会の風土は総じて明るく、おおらかで、家族的です。フィリピンの元「慰安婦」女性たちのなかには、戦後結婚し、貧しいながらも子どもや孫にかこまれて暮らしている人が少なくありません。結婚しなかった女性もフィリピンの大家族の中で、姪や甥、姉妹、兄弟と一緒に暮らしている場合が目立ちます。「償い金」を受けとった女性たちの多くが、「貧しさの中でずっと家族や隣人の世話になってきたが、『償い金』で、家族や隣人に死ぬまでにお返しをすることができるのがうれしい」と述べています。多くの場合、医者にかかる以外、自分のためにお金を使っていることはなく、家族や隣人のためにつかっています。家族によると、「償い金」の使途は、ささやかながら家を建てた、雨が降るたびにドロドロになっていた床をコンクリートにした、苗を買い家族で米をつくった、冷蔵庫を買い母親に栄養のある食べ物を食べさせられるようになった、車イスを買うことが出来たので外に連れて行くことが出来るようになった等です。サリサリ（雑貨）店を出した人もいます。（記録映像はこちら📎）

アナスタシア・コルテスさん

　1996年8月にロサ・ヘンソンさんと一緒に基金の事業を受け止めたアナスタシア・コルテスさんも、土地と家を買い、その家を改築し、新しい部屋もつくり、家族が一緒に住めるようになりました。電話もひかれ、大きなテレビとビデオも購入しました。通りに面した小さな売店を開き、通学生相手に雑貨品を売ることもしています。コルテスさんは、20歳の時、フィリピン軍の兵士で、日本軍の捕虜となっていた夫が脱走してきたところ、発見され、夫とともに日本軍に連行されたといいます。サンチャゴ要塞で夫は殺され、コルテスさんは要塞に留め置かれて、5ヶ月間日本軍の将校と兵士にレイプされ続けたそうです。その後彼女を助けてくれた警官と再婚し、6人の子どもをもち、25人の孫をさずかることとなりました。

　リラ・ピリピーナが基金の事業を受けとろうとする元「慰安婦」を援助すると決定したのちに、その経過に不満をもった人々は新しいグループ、マラヤ・ロラズをつくりました。しかし、このグループも2000年1月にはアジア女性基金に申請書を提出しました。この人々を支持していたインダイ・サホール氏の「女性の人権のためのアジア・センター（ASCENT）」も、被害者の人たちがそう考えるなら、それに協力するという態度をとるにいたりました。申請の受付は2001年8月12日に締め切りとな

り、認定された全員が受けとり、フィリピンの事業は2002年9月末に終了しました。

　その後、フィリピン社会福祉開発省は、医療福祉支援事業の評価報告書を作成しました。
（全文はこちら📄）

【フォローアップ事業】

　フィリピンで償い事業実施の窓口となったフィリピン政府社会福祉開発省は、事業終了報告書の中で、「慰安婦」の方たちへのフォローアップとして、高齢となった「慰安婦」の方々が利用できる高齢者向け医療施設の建設を要望しました。今後に向けた提案のひとつでした。これを受け、2002年9月、フィリピンでの償い事業終了後、基金のフォローアップ事業の一環として、日本政府が草の根・人間の安全保障無償資金協力プロジェクトとして実施してきた高齢者への援助を継続実施しています。主なプロジェクトは次の3つです。

1. マニラ首都圏ケソン市高齢者福祉施設拡充計画
2. 恵まれない高齢者女性のための施設拡大計画
3. フィリピン総合病院内高齢者診察室拡充計画

韓国における償い事業の内容

対象国・地域	申請受付・実施期間	事業内容
韓 国	1997.1.11～2002.5.1	1)「償い金」(200万円) 2) 医療・福祉支援事業(300万円規模) 3) 総理の手紙等

【背　景】

　日本は大韓民国との間に、植民地支配の清算と国交樹立のために、1965年に日韓条約を結びました。このさい日本は植民地支配がもたらした被害と苦痛に対する反省とお詫びを表明することはありませんでしたが、無償3億ドル、有償2億ドルの経済協力を行うことにし、他方韓国は一切の財産及び請求権を放棄しました。この結果日本と韓国及び両国民の間の財産及び請求権の問題については、「完全かつ最終的に解決された」と確認されました。しかし、この処理に対して韓国内に不満がのこりました。

　1990年代に慰安婦問題がおこるや、韓国政府は、元「慰安婦」を認定するための委員会を設置し、2004年現在207人を認定しました。この人々に対して韓国政府は毎月一定額の生活資金を支給しています。すでに、この207人中、2002年11月までに死亡した者が72人に達し、生存者は135人、うち海外居住は2人です。

　韓国政府はアジア女性基金の設立に対しては、当初積極的な評価を下しましたが、やがて否定的な評価に変わりました。被害者を支援するNGOである韓国挺身隊問題対策協議会（略称：「挺対協」）が強力な反対運動を展開し、マスコミも批判すると、政府の態度も影響を受けました。基金に対する元「慰安婦」の方々の態度は、さまざまです。アジア女性基金を批判し拒否する考えの方々もいますが、不満はもつものの、受けとるという態度の方々もいました。受けとるという考えを公然と表明したため、批判や圧力を受けた方もおり、その中にはやむをえずアジア女性基金拒否を再声明した人も出ました。

　挺対協は、国連人権委員会等への訴えや各国の関係団体との連帯行動などを積極的に続けており、その活動は「慰安婦」問題が国際社会の問題となるのに影響を及ぼしたと言ってよいでしょう。挺対協は、日本政府が法的責任を認めて謝罪し、補償するとともに、責任者を処罰することを求めることに運動の重点を置きました。

【事業の実施】

　アジア女性基金では、韓国政府から認定をうけた被害者に対して事業を実施するとの方針を立てました。
　1996年8月基金運営審議会委員からなる対話チームが韓国を訪問し、10数人の被害者に会い、事業の内容を説明しました。お会いした被害者の中では、金学順さん他2名の方が基金を拒否すると言明しましたが、他の方々の多くは、「償い金」が200万円という金額であることは誠意ある措置と

認めにくいという態度でした。

　1996年12月、金田君子さん（仮名）がその後の基金側の努力を認めて、基金の事業の受け入れを表明しました。

韓国の元「慰安婦」たちが基金事務局を訪問

韓国お届け式　金平団長

　金田さんには、受けとるなという圧力が加えられましたが、やがて他の6人の被害者も受けとりを表明しました。
　そこで1997年1月11日、金平輝子理事を団長とする基金の代表団がソウルのホテルなどで7人の被害者に償い金、総理の手紙、理事長の手紙をお渡ししました。（映像はこちら）

> さまざまな方にお話をしてまいりましたけれども、そういったわたしの活動があまり知られることもなく、そのまま闇に葬り去られるのではないかと心配した日も沢山ありました。わたしの活動、わたしの努力が、少しでも首相の元に知られたのかな、伝わったのかなというふうに思いまして、本当に涙があふれでました。
> ——東京地方裁判所における金田君子さんの証言より（総理のおわびの手紙を受け取ったときの心情を聞かれて）

　金平団長は、説明文（全文はこちら）を韓国のマスコミ各社に伝え、事業実施の事実を明らかにするとともに、基金の姿勢を説明しました。しかし、一部を除いて、韓国のマスコミはこの実施を非難し、運動団体も抗議して、償いを受けとった7名の被害者たちには強い圧力がかけられました。
　「償い金」他をお渡しすることが被害者への圧力につながるということは、被害者の方々にとっても基金にとっても耐え難いものでした。そこで、基金は一時事業を見合わせ、韓国での事業を実施する条件の整備に努力しました。しかし、韓国内では、基金の事業を受けとらせないために、民間

の募金を行う運動が起こりました。この集められた募金から被害者たちに一定額の援助金が支給されましたが、アジア女性基金の「償い事業」を受け入れた7名の被害者は、その対象外に置かれました。

アジア女性基金は1998年1月6日、韓国の『ハンギョレ新聞』、『韓国日報』など4紙に事業の内容に関する広告を掲載し、事業の再開に踏み切りました。（全文はこちら）早速被害者の方々から受けとりたいとの連絡がよせられ、基金は償い事業を実施しました。

韓国での広告

同年3月、金大中大統領が就任しました。新政府は、同年5月、韓国政府として日本政府に国家補償を要求することはしない、その代わりにアジア女性基金の事業を受けとらないと誓約する元「慰安婦」には生活支援金3150万ウォン（当時日本円で約310万円）と挺対協の集めた資金より418万ウォンを支給すると決定しました。韓国政府は、142人に生活支援金の支給を実施し、基金から受けとった当初の7名と基金から受けとったとして誓約書に署名しなかった4名、計11名には支給しませんでした。基金は6月に原理事長名で大統領に書簡（全文はこちら）を送り、基金の「償い金」と韓国政府の生活支援金は性格が違うものであり、したがって両立できるものであることを認めてほしいと申し入れました。

しかし、韓国政府は態度を変えませんでした。事業の変化がないので、基金は99年はじめ韓国での「償い事業」の中止を決断し、集団的な医療ケアの事業に転換することにし、韓国側と交渉をはじめました。

その際、すでに申請手続きをとっている被害者の方々には事業を実施することにしました。しかしこの事業の転換にも韓国側の協力がえられないことが最終的に明らかになり、99年7月、基金は転換を断念し、韓国での事業を停止状態におくことにしました。

基金の事業を受け止められた方々からは、次のようなお礼の言葉が基金に寄せられています。「日本政府から、私たちが生きているうちにこのような総理の謝罪やお金が出るとは思いませんでした。日本のみなさんの気持ちであることもよく分かりました。大変ありがとうございます」

ある被害者は、基金を受け入れることを決めましたが、当初は基金の関係者には会うこともいやだという態度をとっていました。しかし、基金の代表が総理の手紙を朗読すると、声をあげて泣き出され、基金の代表と抱き合って泣き続けたとのことです。そして、自分の「慰安婦」としての苦しみや帰国後の経験などを語ってくれました。（詳しくはこちら）日本政府と国民のお詫びと償いの気持ちは受け止めていただけたと考えております。

最初に受けとられた7名の方々も、受けとりについてプライバシーが守られているその他の方々も、韓国内で基金の「償い事業」を日本政府による責任回避の方策と見る運動体の影響力が強いため、心理的には苦しい立場に置かれています。基金は、償いの事業を受けとったすべての方々が社会的認知を得られるように努力を重ねてきましたが、残念ながらこの努力が実ったとはいえない状況が続いています。

　事業の停止状態がつづく中で、韓国の事業申請受付の期限として最初の新聞広告で発表した2002年1月10日が迫りました。基金としては、最後の努力をはらうべく、事業の停止状態をつづけ、1月10日をもって事業終結としないことを決めました。その後さまざまな折衝の結果、短期間にこの状況を大きく変えることは困難であると判断して、2月20日、事業の停止状態を解く旨発表し、2002年5月1日をもって事業申請受付を終了しました。

　韓国の場合、基金の事業は運動団体や韓国政府の十分な理解をえられないままに終わりました。しかし、予想されたよりもはるかに多くの被害者の方々が、総理大臣のお詫びの手紙と基金の償いの事業を受けとって下さったことは、ありがたいことであったと考えております。

台湾における償い事業の内容

対象国・地域	申請受付・実施期間	事業内容
台湾	1997.5.2～2002.5.1	1)「償い金」(200万円) 2) 医療・福祉支援事業(300万円規模) 3) 総理の手紙等

【背景】

第二次大戦後、国共内戦に敗れた「中華民国」政府が日本から解放された台湾に渡ってきました。1952年日華平和条約が結ばれ、日本と中国との間の戦争状態は終結し、「中華民国」側は賠償請求権、戦争によって生じた国及び国民の請求権を放棄することを受け入れました。日本の植民地であった台湾にかかる請求権処理のための交渉はそれとして行われることになっていましたが、長く行われず、1972年の日中国交回復と同時に日本と台湾は国交関係を失いました。

1992年、台湾の立法院（国会に相当）、外交部、内政部、中央研究院、台北市婦女救援福利事業基金会（略称:「婦援会」）は「『慰安婦』問題対処委員会」を発足させ、この問題の調査を開始しました。同委員会の委託によりこの「婦援会」は、1)慰安婦の認定作業、2)個人情報の管理、3)当局からの生活支援金の給付代行など、台湾の慰安婦問題対応の核となる作業を一手に担うこととなりました。これが他の国とは大きく異なっていた点です。「婦援会」は日本の国家賠償を求め、アジア女性基金に対し強い反対の立場をとっていたため、被害者の方々にあたえる影響もまた、少なからぬものがありました。

2002年4月の現地報道によれば、被害者として認定され生存している台湾人女性は36名です。その後基金の知る限りにおいてもかなりの方が他界され、生存者の数は減っています。認定された被害者には、台湾当局が月々15000元（約6万円）の生活支援金を支給しています。

台湾の被害者も訴訟を提起しました。1999年7月、台湾「慰安婦」被害者9名が日本政府を相手取って東京地方裁判所に訴訟を起こし、1人当たり1000万円を請求しました。地裁で敗訴ののち、高裁、最高裁へと控訴を行い、2005年5月25日、最高裁において「却下・申し立て不受理」との判決をもって敗訴しました。

また台湾の立法委員（国会議員に相当）は立法院において、1996年3月を始めとして数次にわたり、「日本政府が法的責任を認め、謝罪と賠償を行う」ことを求める署名を行っています。

【事業の実施】（基金担当者の回想はこちら）

　台湾では、アジア女性基金は、婦援会の認定をうけた被害者に対して事業を実施することを方針としました。1996年1月、基金の対話チームが初めて台湾に赴き、婦援会を訪問して、被害者4名との懇談ができました。被害者はアジア女性基金の事業に関心を示しましたが、婦援会は国家補償をもとめるという方針のもとに、基金との接触を断つようになりました。以後、婦援会を通して被害者と会うことはできなくなりました。

　96年8月には、来日した台湾の被害者が基金から「償い金」と総理の手紙を受けとりたいという意志を表明しましたが、思いとどまるようにという、さまざまな働きかけがなされました。

　基金は、人道的見地から基金の活動を支持し、元「慰安婦」個々人の気持ちを尊重すべきだという考えをもつ台湾の弁護士頼浩敏氏に協力していただいて、氏の萬国法律事務所を申請の受付先に指定して、97年5月台湾の有力3紙に広告を掲載し、事業を開始しました。（全文はこちら）

　台湾の場合、医療福祉支援事業は一人あたり300万円分としています。これに対し、基金の事業開始後、基金に反対する婦援会が中心となってオークションを行い、その収益から被害者に一人あたり約50万元（約200万円）のお金を配付しました。そのさいアジア女性基金からは受けとらないという誓約書の提出がもとめられました。

　さらに、98年2月には、台湾の立法院の議員たちが当局を動かして、日本政府からの「補償」の立替金として、被害者一人あたりに50万元（約200万円）を台湾当局から支給することが実現されました。

　被害者たちの多くは困窮状態にあり、ほとんどの方が病気がちです。基金の償い金と医療福祉支援事業を受け取ることを希望する方々からの問合せが多く寄せられました。他方で「受取ってはいけない」という圧力を受けた被害者たちは、「もし受け取れば、生活支援金を打ち切られる」という不安を抱きました。

　基金は被害者の希望に従う、支給する場合は被害者の不安を解消し、絶対に不利益が及ばないようにする、ということを大前提として事業を進めました。慎重に、法的な裏付けをしながら事業内容を詰めていくについては、頼浩敏弁護士の存在は非常に大きいものがありました。

償い事業のお届け式
（総理の手紙を朗読する下村理事）

こうした困難な状況であったにもかかわらず、幸いにも、それなりの数の元「慰安婦」の方々に償い事業をお届けすることができました。そして受け取った方々からは、大変喜んでいただきました。もちろん償い金や医療福祉支援事業も被害者たちの大きな助けになりましたが、それに添えられた日本の総理のお詫びの手紙は、私たちの想像以上に被害者たちに感動を与えました。（総理の手紙全文はこちら）

総理の手紙を受け取った被害者の方々は、手紙を胸にあてて、「生きているあいだに、このような日がくるとは思いませんでした」とか、「結局、日本人はわたしたちを裏切らなかったのですね」と、声をつまらせながら、しかし晴れ晴れとした笑顔で言いました。喜びの気持ちを即興で歌にして歌った人もいます。

総理大臣のお詫びの手紙などをお届けしたとき、Rさんには夫が付き添ってきました。Rさんは黙ってうつむいて涙を流し、夫はそのときの気持ちを即興で歌にして歌いました。どのような意味の歌詞ですかと尋ねると、「日本のみなさんがわたしの妻にしてくださった親切を忘れません。これからわたしが祈りを捧げるときには、かならず日本のみなさんの幸せをもお祈りしています」という意味だと説明してくれました。

Sさんは自分の部屋にもどるとすぐ、もう一度総理のお詫びの手紙を取り出してゆっくり読み返しました。そして、同じ被害者で長年の友人に向かって、「もういいでしょう。"ゆるしてくれ"とここに書いてある」と微笑みました。

Lさんは原文兵衛アジア女性基金理事長（当時）に会い、はにかみながら、しかししっかりとした口調で感謝の気持ちを表しました。帰り道、「本当は天皇陛下に謝ってもらいたかったけれど、日本で三番目に偉い人（注：故原理事長・元参議院議長を指している）に会って謝ってもらったから、これで気がすみました」と言いました。

償い金を、長年の夢であった家の修理やこれまで手が出せなかった薬の購入など、自分の生活のために使った人もいれば、子どもたちに好きなものを買いあたえるという、生まれてはじめての贅沢を味わうために使った人もいました。その一方で、最後まで「わたしこわい、こわいよ」と言い続けて、償い事業を受け取る決心がとうとうつかなかった被害者もいました。

基金では97年以降、5回、台湾各紙に「償い事業」の説明を掲載しました。償い金を受け取っても国

家補償を求めて訴訟を提起する権利を失わないことを明記したのも、総理のお詫びの手紙の全文を載せたのも、被害者本人のみならず、周囲の人たちに償い事業の内容、性質を正確に理解していただくためです。

1999年3月30日付け中国時報

台湾の事業は5年間の申請受付を終了し、2002年5月1日をもって終結しました。

オランダにおける償い事業の内容

対象国・地域	申請受付・実施期間	事業内容
オランダ	1998.7.15～2001.7.14	1) 医療・福祉分野の財・サービス提供（2億4500万円規模）

【背 景】

オランダは、サンフランシスコ平和条約を締結し、同条約第14条により日本は賠償を支払うべきではあるが、日本の存立可能な経済を維持するとの観点からすべての賠償請求権及び財産、並びに、戦争によって生じた国及び国民の請求権を放棄しました。捕虜であって苦難をうけた人々にたいする償いとしては、平和条約第16条に基づき、日本が国際赤十字委員会に支払った資金で一定の支払いがなされましたが、民間被抑留者については同条による支払の対象ではなく、国民感情はこれに承服しなかったという事情がありました。そこで、サンフランシスコ平和条約調印に先立って、1951年9月7日と8日にスティッカー蘭外相と吉田 首相との往復書簡により、オランダ政府は平和条約第14条（b）による 請求権の放棄によってオランダ国民の私的請求権が消滅することにはならない旨表明し、これに対し、日本政府は、オランダ国民の私的請求権は最早存在しなくなるものとは考えないが、平和条約の下において連合国国民は、かかる請求権につき満足を得ることはできないであろうということ、しかし日本国政府が自発的に処置することを希望するであろう連合国国民のあるタイプの私的請求権が存在することを表明しました。

このいわゆる吉田・スティッカー書簡に基づいて、1956年3月13日、「オランダ国民のある種の私的請求権に関する問題の解決に関する」日蘭議定書が結ばれ、日本側は「オランダ国民に与えた苦痛に対する同情と遺憾の意を表明するため」、1000万ドルを「見舞金」として「自発的に提供する」ことになりました。このような経過で、日蘭間の戦後処理は、平和条約によって法的に解決済みであり、更に上述の日蘭議定書において、オランダ政府はいかなる請求をも日本国政府に対して提起しないことが確認されておりますが、日蘭議定書によってとられた措置にもかかわらず、先の大戦中に被害者が受けた心身にわたる癒しがたい傷は依然として残りました。

たとえば、1990年、対日道義的債務基金（JES）が結成され、日本政府に対して法的責任を認めて補償するよう主張しました。一人当たり約2万ドルの補償をもとめる運動がはじまりました。JESは慰安婦問題も取りあげました。JESは、償いに直接に責任をとるべきは日本政府であるという立場をとっていました。

【基金事業の準備】

オランダにおけるアジア女性基金の事業の準備は、日本外務省によって基金設置直後からはじめられました。オランダ政府は、先の戦争に係わる賠償及び財産、並びに請求権については、サンフランシスコ平和条約で解決済みであるので、日本側が直接関係者と話し合ってほしいと促しました。そこで、対日道義的債務基金（JES）関係者と話し合いを行いました。（大使の回想はこちら）

事業内容の決定にあたっては、オランダ政府の要望を念頭におき、すでに話し合いが進んでいる他の国の事業の内容とのバランスを考えて、オランダにおいても医療福祉のプロジェクトを実施する

との方針が立てられたようです。JES関係者との話し合いの中で、オランダ側から個人に対する支払いがもとめられました。長い話し合いを重ねた結果、医療福祉支援を個人に対して実施すること、支出する政府資金の総額を2億5500万円とすることで合意が生まれました。

　上記の事業の実施には、オランダ側で組織の設立が必要とされました。オランダの国内法により、他の団体と共に仕事をし、独立して運営できる法人格と独立した権限を有した組織が必要とされました。ハウザー(G.L.J. Huyser)将軍は、そのような組織、すなわち、オランダ事業実施委員会(PICN)の設立に積極的でした。PICNの初代理事長として、ハウザー将軍は1998年7月15日、PICNとアジア女性基金による覚書（全文はこちら）に署名しました。アジア女性基金を代表して、山口達男副理事長（当時）が署名しました。

　この日、橋本総理はオランダのコック首相にあてて書簡（全文はこちら）を送り、慰安婦とされた人々に対する日本政府のお詫びと反省を表明しました。1998年11月、マルガリータ・ハマー＝モノ＝ド＝フロワドヴィーユ氏は、ハウザー将軍の後継者として委員長となり、ハウザー将軍はPICNの名誉顧問となりました。

【事業の実施】

　さて覚書では、アジア女性基金は、国民的な償いの気持ちをあらわすために、2億5500万円をオランダ人の被害者の生活状態の改善のためにPICNに提供することとされました。この資金は全額が政府の拠出金から提供されました。2億5500万円から最高1000万円の事務費を除いた金額が、事業を希望する被害者のために用いられることが決まりました。

　PICNは1998年8月、オランダと世界各地の新聞や他のメディアに広告を出すことをもって事業を開始しました。

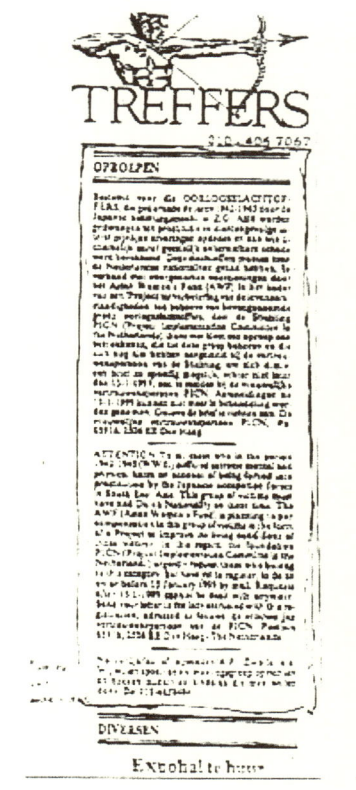

「広告　1998年8月28日」

1942－1945年（第二次大戦）期に東南アジアで日本占領軍により売春を強制されたために極度の精神的、肉体的被害を蒙ったすべての人々に注目することをよびかけます。対象とされる被害者は当時オランダ国籍をもっていた人です。アジア女性基金はこの種の被害者に生活条件を改善するプロジェクトの形で補償を支払うことを計画しています。この点で、オランダ事業実施委員会は、このカテゴリーに属するが、登録をしていない被害者に対して、緊急に、1999年1月15日までに（当日消印有効）郵便で登録するように要請いたします。1999年1月15日以後の要請はもはや受け付けられえません。この登録を任された、以下の住所の女性に手紙を送ってください。

　申請受付の最終締め切りは、延長されて、1999年3月15日とされました。107名の申請者の提出した申請書がPICNにより厳密な規準で検討され、事業の受給者として79名が認定されました。

　　認定の規準
　　　1. 事件当時オランダ国籍をもっていたこと、

アジア女性基金の償い事業

2. 第二次大戦中に日本占領軍の軍人に物理的に強制されて売春させられたこと
3. 場所、頻度、被害の性質、病気の原因等も考慮する

　事業の内容は、確認された被害者各人に平均約5万ギルダー（300万円）規模の財サービスが提供されることです。PICNが被害者に医療福祉面での希望をきき、その希望にしたがって事業項目をまとめました。この事業実施の費用のために、各人に財政的支援がおこなわれました。
　コック首相宛ての橋本総理の書簡(全文はこちら)は、PICN側から要請があり、その英訳の写しを1999年4月に至り被害者各人にお届けすることになりました。
　この総理の書簡はフィリピン、韓国、台湾の被害者に手渡された橋本総理のお詫びの手紙の内容をくりかえしていますが、この書簡は、「我が国政府は、いわゆる『従軍慰安婦問題』に関して、道義的な責任を痛感しており」と筆をおこしています。さらにアジア女性基金について、「国民的な償いの気持ちを表すための事業を行っている」として、これに政府が協力すると述べています。オランダにおける基金の医療・福祉分野の事業も、「国民的な償いの気持ちを表す」という目的をもつことが明確にされています。本文の内容には、1995年村山談話も盛り込まれており、「お詫びと反省 apologies and remorse」という言葉が二度くりかえされて、明確な印象をあたえるものとなっています。

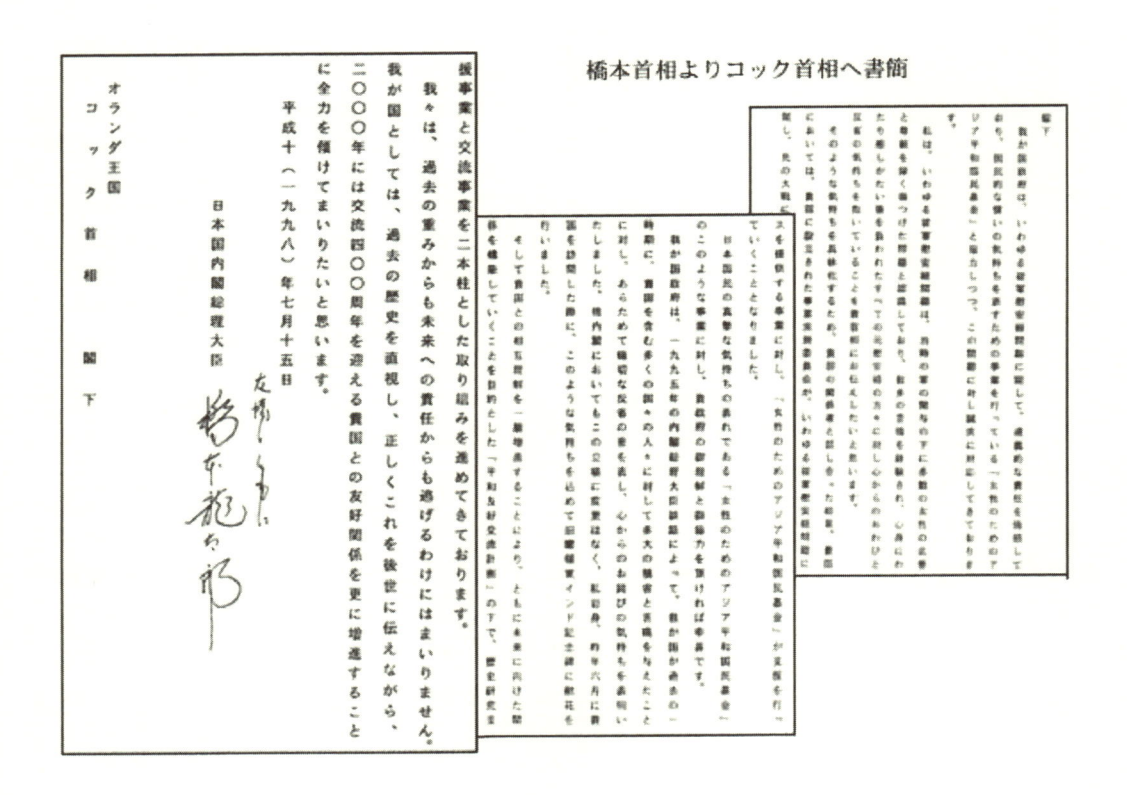

橋本首相よりコック首相へ書簡

　首相の手紙の写しを受け取った多くの被害者は、ハマー＝モノ＝ド＝フロワドヴィーユ委員長に次のような感謝の手紙を送りました。

> 　私はこのたびのことをとても感謝しています。これは大変な額のお金で、私は予期しませんでした。また私は日本の首相の行った声明をとてもうれしく思いました。（後略）(1999年6月3日)
>
> 　このことは私に大きな満足感をあたえてくれ、私は言葉もありません。私は、橋本総理の謝罪（apology）を評価いたします。私は妹に送って訳してくれるようにたのみました。私が休みにリュウマチの治療に行っているとき、夫が電話して、この手紙のことを話してくれました。(1999年6月4日)
>
> 　私は、事業金を受け取り、とてもうれしく思い、また橋本氏の書簡に大いに満足しました。あの長い歳月をへて、ついに｛私が受けた被害が｝ある形で認められた（recognition）のです。私は感情を抑えきれず、心身がふるえます。(1999年6月9日)
>
> 　あなたが私のためにして下さり、これからもして下さるすべてのことに対してお礼を申し上げます。この金銭的な補償だけでなく、15歳の少女であった私がうけたあの悲惨さのすべてが認められたことに対してです。そのことが、いまもなお口をあけていて、それをかかえて生きていくことに耐えてきたあの傷の痛みをやわらげてくれます。(1999年6月)

　ハマー＝モノ＝ド＝フロワドヴィーユ委員長は、これらの手紙を大使館に伝える際、「受給者の反応は、総じて、過去の痛みはなお消えないが、この事業は気持ちの安らぎをあたえてくれ、特に橋本総理の手紙は被害者の痛みをわかってくれているのだという一種の満足感を与えてくれたというものです」と語りました。

　1999年11月日本の教科書会社が自社の中学校社会科教科書において、「慰安婦として強制的に戦場に送り出された」という記述から「強制的に」という一句を削除する訂正を文部省に申請したことが報道されました。このことがオランダに伝えられると、PICNのハマー＝モノ＝ド＝フロワドヴィーユ委員長は1999年11月15日付けで日本大使に宛てて書簡を送り、「関係した犠牲者の名において、またPICNの委員と顧問全員に代わって、私はこのような意図に強く異議を申し立てます」と申し入れました。この記事が「犠牲者たちからきわめて感情的な反応を引き起こしている」とし、記事は「その人たちの感情を非常に傷つけました」、教科書記述が実際弱められるなら、「その人たちの感情はまたもや極度に傷つけられるでしょう」と述べています。記述の変更は橋本書簡の言葉に反するものであり、このままでは橋本書簡の言葉が正しくなく、「アジア女性基金とPICNの存在自体が正しくないと説明されかねず、日本の次世代が第二次大戦中の日本史に関する正確な史実を知らないままになることを意味しています」と主張しています。手紙のコピーはアジア女性基金にも直接届けられました。
　この動きに対して、日本政府は、「表現の自由」に基づく日本の検定制度の性格、さらに多様な教科書の記述ぶりを説明し、村山談話等に示された政府の歴史認識を改めて説明したということです。

　2001年7月13日、ハーグでオランダにおける「償い事業」終了のセレモニーが行われました。ハマー＝モノ＝ド＝フロワドヴィーユ委員長はその挨拶の中で次のように述べました。

この事業は戦後53年も経過した後にようやく立ち上げられており、また、若き日に彼女らが耐えなければならなかったようなむごい経験は、その後どのような金額をもってしても本当には償うことができないものです。しかし、それでもある意味で被害者らの人生に、彼女らが必要としていた心の安らぎとある種の正義をもたらしました。アジア女性基金の活動により、事業給付金という経済的補償のみにとどまらず、橋本首相からの書簡により過去の過ちが認められたことで、彼女らの生活状況は大幅に改善されました。

マルガリータ・ハマーさん(回想はこちら)

　セレモニーでは、村山富市理事長と田中真紀子外務大臣からのPICNに対する感謝のメッセージが紹介されました。

　2001年7月13日、オランダ事業実施委員会は事業の最終評価報告書を発表しました(全文はこちら)。

インドネシアにおける償い事業の内容

対象国・地域	申請受付・実施期間	事業内容
インドネシア	1997.3.25～2007.3	1) 高齢者社会福祉推進事業(3億8千万円規模)

【背　景】

　日本とインドネシアの間では、1958年に平和条約と賠償協定が結ばれ、賠償と請求権問題は解決されました。

　「慰安婦」問題は、インドネシアでも1992年に注目を集め、最初に名乗り出た女性が現れました。そこで法律扶助協会ジョクジャカルタ支部が1993年に名乗り出た女性の登録をはじめました。その後1995年、元兵補連絡フォーラム協会も元「慰安婦」の登録をはじめました。これらの登録には元「慰安婦」のケースのほか、レイプその他さまざまなケースが含まれているようで、その数は膨大なものになりました。

　このような状況の下、日本政府とインドネシア政府は協議を進めました。その結果、1996年11月14日インタン・スウェノ社会大臣はインドネシアにおける「慰安婦」問題についてインドネシア政府の見解を発表しました。その内容は次のようなものです。

> 「慰安婦」問題はインドネシア民族にとってその歴史の中で忘れ難い暗い側面であり、将来繰り返されることのないよう注意をはらい、教訓とする必要がある。また、この暴力の犠牲となった女性の終わることのない精神的かつ肉体的な苦渋、痛みを理解している。しかしながら、パンチャシラ哲学を有する民族として、感情的要素が強い措置及び施策に向かわないように、また犠牲となられた女性の方々及びご家族等の名誉を守ることに尽力している。インドネシア政府は、1958年に締結された「日本国とインドネシア共和国との間の平和条約」、と「日本国とインドネシア共和国との間の賠償協定」によって日本政府との賠償並びに財産及び請求権の問題は解決済みとの認識である。アジア女性基金がインドネシアにおいて行う「慰安婦」問題に関わる事業・援助はインドネシア政府（特に社会省）を通じて行われるべきであり、他の組織や個人を通じて行われることはない。

　このように、インドネシア政府は、元「慰安婦」の認定が困難であること、元「慰安婦」の方々やその家族の尊厳を守らなくてはならないこと、日本・インドネシア間の賠償問題は平和条約等によって解決済みであること等の理由から、元「慰安婦」個人に対する事業ではなく、「高齢者福祉施設」整備事業への支援を受けたいという方針を持つにいたったのです。このことが96年12月、基金の派遣した役員に、インドネシア社会省及び女性問題担当府高官から説明されました。基金の中には、元「慰安婦」個々人への「償い金」の支給を望む声が強かったのですが、両国政府の判断を、基金は最終的に受け入れることにしました。

基金としては、施設については元「慰安婦」を優先的に入居させる、設置場所についても「慰安婦」被害の発生している地域を優先してほしいなどの要請をおこないました。インドネシア政府より、本件事業により建設される施設への入居者の選定にあたっては元「慰安婦」と名乗り出た方が優先されることとともに、場所に関しても元「慰安婦」の方が多く存在したと思われる地域に重点的に整備するとの確約がえられました。1997年3月21日、橋本首相は慰安婦問題に関するお詫びの手紙をスハルト大統領に送りました。これを受けて、3月25日、インドネシア社会省とアジア女性基金との間で覚書（全文はこちら📄）が締結され、事業が開始されました。インドネシア社会省が事業の実施機関となり、基金より日本政府の資金から総額3億8000万円の規模で10年間にわたり支援を行うことになりました。

　事業は次のように進められました。第1期5ケ所、第2期6ケ所、第3・4期10ケ所、第5・6期21ケ所、第7期27ケ所の総計69ケ所です。インドネシア社会省の最終報告では、現在インドネシアの高齢者福祉施設は全国で235（中央政府経営2、州政府経営71、民間施設163）ですが、基金の事業で建設された建物は全体の29パーセントの施設に関係しているのです。建てられた施設は次のようにインドネシア全土に分布しています。

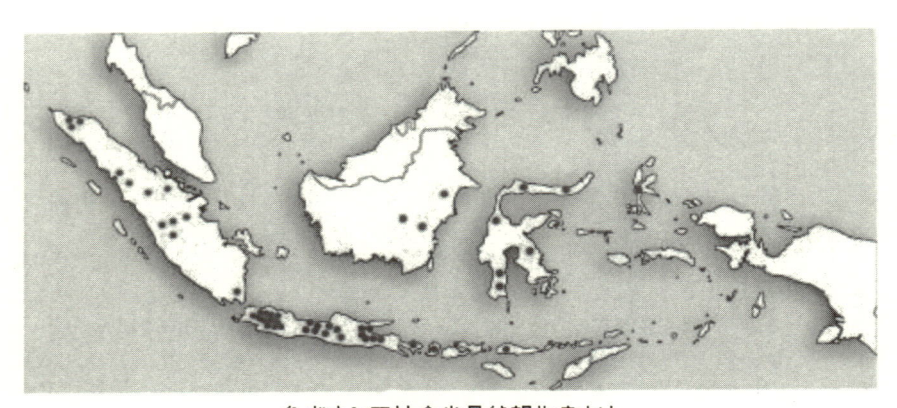

インドネシア社会省最終報告書より

　建築された施設はほぼすべて既存の高齢者福祉施設の増設棟として建てられましたが、基金のプロジェクトで建てられた建物が施設の唯一の建物だという場合もあります。最終年度にブリタール

ファミリー・ブリタール施設開所式

の基金「ファミリー」が建てた施設は慰安婦14人を入居させる施設です。

　インドネシアの慰安婦被害者支援団体はアジア女性基金が進めてきた高齢者福祉施設建設の事業に批判をもち、被害者個人に向けて事業をしてほしいと要求してきました。しかし、インドネシア政府とMOUを結んで進めている事業ですので、基金の側から事業を変えることはできません。基金と長く話し合った上院議員ヌールシャバニ氏はついに決断され、高齢者一般のための福祉施設をつくり、そこに慰安婦とされた方々で入居を希望される方を入居させるという道をとられました。インドネシア社会省の支持と承認のもとにバンドゥン、チマヒ、パスルアンに3つの施設がつくられました。

　基金では、建設された施設の視察を極力進めてきました。視察できたのは、69ケ所中41ケ所です。どこでも、新築棟は明るく、設備も整っています。日本占領下の生活を経験した高齢の入居者たちはここでおだやかに暮らしておられます。一度入居されれば、生涯この施設で暮らせます。施設は亡くなった方のためにお墓も用意しています。

　2007年1月、インドネシア社会省は事業完了報告書を作成して提出しました。（全文はこちら📄）

被害者の声−それぞれの被害状況と戦後

ここに掲載するのは、元「慰安婦」の方々から聞き取った証言です。

証言1　金田君子（韓国）

　　金田君子さんは1921年10月22日に東京で生まれました。父は朝鮮人、母は日本人でした。生後すぐ実母と別れ、父の郷里へひきとられました。父は牧師となりましたが、1935年に神社参拝をしないからとして、逮捕されました。16歳のとき、向かいの日本人の家で働いていた娘の話で、よい働き口があるということで、ソウルへ行き、日本人に引率されて、汽車に乗せられました。中国天津から北站をへて、棗強の部隊に送られ、慰安婦にされたのです。そこで金田君子という名前を与えられました。やがて、棗強から石家荘へ移りました。現実から逃避するために吸い始めたアヘンの中毒になった金田さんは1945年、帰国を許されました。戦後過酷な慰安所生活で傷ついた子宮を摘出しなくてはなりませんでした。金田さんは、1997年1月韓国において初めて基金の償い事業と総理のお詫びの手紙を受け入れた被害者の一人となりました。2005年1月27日、金田さんは亡くなりました。

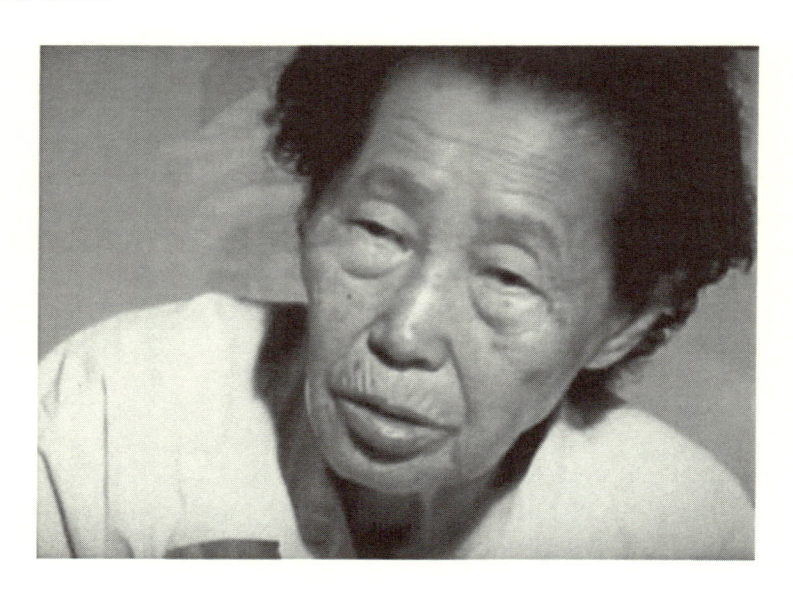

父のこと
　私が14歳の時父が神社参拝をしないからと警察に連行された。私は弟たちの世話とか、家の手伝い掃除をしなければならないので、学校に行きたいという考えも余裕もなかった。
　14歳の時父が日本の高等警察に連れていかれた。父は日本語が上手だったので、これからは信徒を連れて神社参拝するからと、嘘をついて、家に帰った。電気拷問された足のやけどを治療しているうちに、神社参拝しないからといって、再び警察が父を捕えに、明け

方4時ごろやって来た。その時父は教会でお祈りをしていた。私は飛び起きて、知らせに走った。

「父さん逃げてよ。また警察が来たよ」当時教会の周りは田んぼや畑で、その向こうに日本人の集落があった。父はお祈りをやめて、そこを通って逃げた。大邱に出て、慶北の城州に済む叔母を訪ね、そこに隠れ住んだ。

中国へ連れて行かれて
　明け方4時の汽車に乗り山海関まで行った。2時間ほど汽車が止まったので、私とよし子は逃げようとした。しかし出入口には憲兵が見張っていて、怖くなり、もどってきた。汽車の中で一晩寝て、2日目の11時ごろ天津駅に到着した。天津駅に降りると、完全武装の軍人たちがトラック1台、馬車1台、それにジープ車1台を出して待機していた。私たちは馬車に乗せられた。馬車に乗せられて北站という所に連れて行かれた。
　北站のある家に着くと、女達が数人いて、ひしめきあっていた。その近くには日本の軍隊がいて、討伐に出たり入ったりしていて、恐かった。その日10人ずつ配置された私たちはナツメキョウ（棗強）に行かされた。行ってみると、城の中に日本軍がいて、私たち全員は部隊の中に連れて行かれた。そして軍隊の食堂に入れられた。みんな地べたに座りこんだ。

慰安婦にさせられる
　どんな気持ちだったかって。もう殺されに来たんだと思え、泣くしかなかった。話をする人はなかった。泣くだけだった。部隊で一晩寝て、次の日からその部屋に入れられた。兵隊が部屋に入って来たが、死んでもいうことをきかなかった。最初の兵隊は酔ってなかった。服を脱がそうと、ひっぱられたが、ダメだといったら、帰っていった。二番目の兵隊は酔っぱらって入って来た。酔っぱらっていて、刀を見せながら、言うことをきかないと殺すと脅した。だけど死んでもいいと、言うことをきかなかったので、結局刺されてしまった。ここを刺された（胸を開いて指す）。刺された瞬間、私が後ろに倒れたので、この程度の傷で終わった。その兵隊は憲兵隊に連行され、私は衛生室に連れて行かれた。着ていた服が血に染まった。20日間衛生室で治療をうけた。
　ふたたび自分の部屋に戻ると、討伐から帰った兵隊がやって来た。20日間治療をうけたので、胸の傷は良くなって、バンソウコウを貼っていた。それなのにまた兵士が襲ってきた。恐かったが、言うことを聞かなかったので、兵士は私の手首をひねって、部屋の中から外へ投げとばした。だから私の手首は骨が折れて、バラバラになっている。ここで折れて、ここには骨がない。今も痛むので手術しようとしても、年をとっているから、治せないって言われた。ここは軍靴で蹴られ、肉がさけ、骨が見えた（すねをさす）。今も傷跡が残っている。だから、足に力がなく、ころびそうで、とても痛む。

石家荘の慰安所で
　朝から夜まで兵隊を相手にした。15人以内だった。討伐から帰ったときは、朝早くから来た。多い日は20人位になった。だからあとで子宮を（20代で）摘出するようになった。幼い娘たち、国民学校5, 6年、中学校高校くらいの少女を連れてきても、性器が小さいでしょう。あそこがバラバラになって、菌が入り、薬といえばロクロク（性病予防の薬606号）と赤チンキしかなかった。だから膿んで治療できない。そういう時は中国人労働者に防空壕に草をたくさん敷かせて、そこに病人を入れた。布団もない。下は土なのだ。軍隊の命ずるままに中に入れられた。当時は電気はなく、ランプだった。防空壕にはランプもくれなかった。だから真っ暗な中で、「母さん腹すいたよ！母さん痛いよ」と叫んでいた。

アジア女性基金の償い事業

私たちが残り飯をもっていきたくても、頭がおかしくなった者もいるし、体の悪い者、肺病にかかっている者、こんな人ばかりで、恐ろしくて行けない。灯があれば、行けるけど、灯もないので、入れなかった。つかまって、放してくれなければ、どうするか。だから、私たちも中に入れなかった。何人かが死ぬと、娘たちは恐ろしいから、叫びはじめた。すると、みな一緒にして、防空壕に薬をいれて、殺してしまい、埋めてしまった。埋めてから、その横に新しい防空壕を掘り、また病人が出れば、そこに入れたのだ。

死んでいく兵隊たち
　軍人たちも月に数百人が負傷して帰り、死んで部隊に帰ってきた。運動場の広場に板を敷いて天幕を張り、そこで死んだ兵隊、負傷した兵隊を寝かせた。「痛いよ」と兵隊はうめいている。生きる望みのある人には、水をやらないで、アルコールをつけた綿で口をふいてやり、モルヒネ注射がおいてあるので、それを射ってあげると眠るよ。重傷者には2本うちますよ。モルヒネをうつと、痛い痛いとうめかないで、眠ります。後で注射が切れると、私の服をつかんで、ふだんは金田君子と呼ぶのに、その時は「姉さん」と呼びますよ。「姉さん、もう一回頼むよ」って。かわいそうで、また射ってあげると、また眠る。そして死んでいく時は、「天皇陛下万歳」と言って、死ぬ人は一人もいなかった。自分の母さんや妻、子供の写真を見ながら、「母さん、俺は死ぬかもしれないけど、死んだら靖国神社で会いましょう」と言って、泣くよ。私もつられて泣いた。（映像はこちら）
　だから、靖国神社がどんなによくできたところかと思った。靖国神社の花の下に行くと言っていたので、行ってみたが、何もない。白い鳩しかいなかった。私はそこに座り込んで、黙って考えた。軍人たちは昔自分が死ぬと、靖国神社の花の下に行くと言っていたのに、白い鳩が恨となって、ここにいるのだろうと私は思った。心が痛くて、自販機で買ったエサをやると、鳩は私の手までとまって、エサを食べていた。

1998年基金制作のビデオより

証言2　マリア・ロサ・ヘンソン（フィリピン）

　　ロサ・ヘンソンさんは1927年12月5日、マニラ近郊パサイで生まれました。大地主の父とその家事使用人であった母の間にできた婚外子でした。14歳の誕生日の3日後に太平洋戦争がはじまり、フィリピンは日本軍に占領されました。1942年2月、彼女は家で使う薪をとりに叔父や近所の人たちと出かけたのですが、そのさい二人の日本兵と将校にレイプされてしまいます。2週間後にも同じ将校にレイプされました。そのような経験を経て、日本軍に激しい怒りを感じた彼女は抗日人民軍フクバラハップに参加しました。一年後、1943年4月アンヘレス市郊外の検問所を通過しようとしたところ、捕らえられ、日本軍の司令部に連れて行かれ、そのまま監禁され、継続的にレイプされることになったのです。彼女はそのとき16歳でした。彼女は9ヶ月間このような生活をおくったあと、1944年1月ゲリラによって救出されました。日本降伏後、彼女はフィリピン軍の兵士であった人と結婚しました。二人の娘が生まれた後、夫は共産軍に参加して、死にました。彼女は洗濯婦やタバコ工場の労働者として働きました。1992年彼女はラジオ放送の促しを聞いて、名乗り出ました。フィリピン最初の人です。1996年アジア女性基金を受取った3人のひとりでした。ロサ・ヘンソンさんは1997年8月18日に死去されました。

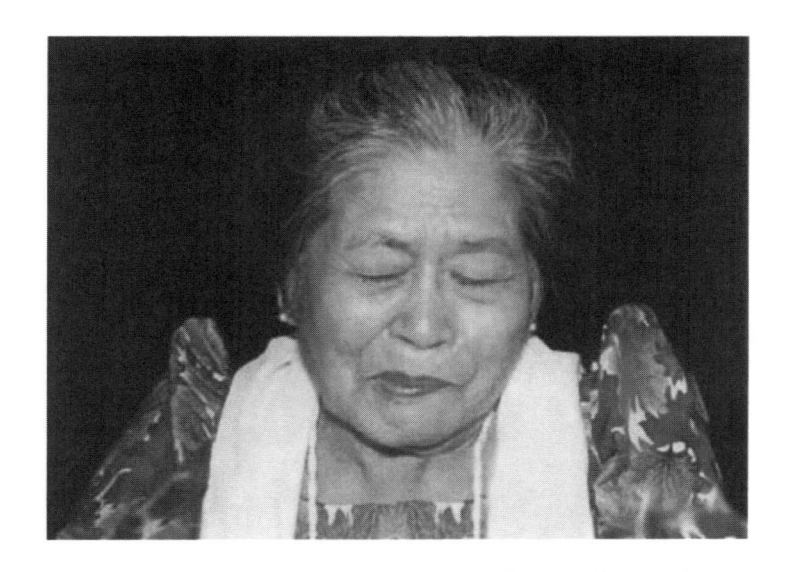

私は、彼らが兵営にしていた病院にとどまるように強いられた。2,3日のうちにそこの兵営の中で6人の女性と会った。日本兵は私に同僚の兵隊数人と性の相手をするように強制した。ときには12人もの兵士が私に性の相手を強要し、それからしばらく休んだあとで、また12人ほどの兵士が私に性の相手をさせるのだった。
　休みはなかった。彼らはまるでたえまなく私に性の相手をさせたようだった。だから、私たちはくたくただった。兵士たちは全員がこれでよしとなるまで、休ませなかった。おそらく、兵営にいた私たちは7人だったのだから、一人あたりをとれば、兵士の数はそんなに多くなかったろう。
　しかし、私はほんの少女だったから、これは私にとって苦痛そのものの経験だった。私はそこに3ヶ月いて、そのあと同じアンヘレスの精米所に移された。私たちが移動するぞと言われたのは夜になってからだった。精米所につくと、おなじことがはじまりました。ときには朝から、ときには夕方から、20回以上もされたことがある。ときどき、私たちは日本人の住まいに連れて行かれることがあった。私が覚えているのはパミントゥアン歴史博物館だ。そこには何回か行かされた。いやだとは言えなかった。そう言えば、確実に殺されただろう。朝のうちは警備兵がいた。兵営の中は歩き回ることが許された。しかし、外出はできなかった。私は一緒にいた女性と話をすることもできなかった。そのうち2人は中国人だったと思う。それ以外の人は私と同じくパンパンガから連れてこられたようだった。しかし、あのときは、私たちはお互いに話をすることも許されなかった。

「リラ・ピリピーナ被害者証言要旨、マリナ・ロサ・ヘンソン、69歳、
パンパンガ洲居住」(1992年9月作成)

　これまで私は何度も、今でも日本人に対して怒りを感じるかと聞かれた。おそらく信仰が救いとなっているのだろう。私は苦しみを受け入れることを学んできた。同時に許すことも学んだ。イエス・キリストが、自らを十字架にかけた人々を許すことができたのだから、私もまた、私を凌辱した人間たちを許す心をもつことができるはずだと思ったのだ。半世紀の月日が流れた。私の怒りも憤りも、昔のままではないかもしれない。自分の経験を語ることに

より、過去を受け入れる気持ちをもつことができるようになってきた。それでもなお私は、正義が果たされるのを、死ぬ前に見届けたいと望んでいる。（映像はこちら📽）

自伝 Maria Rosa L.Henson,Comfort Women,Slave of Destiny,1996より

証言3 ある台湾人被害者

この方は1930年台湾苗栗県に生まれました。彼女は台湾内の日本軍施設に連れて行かれ被害に遭いました。50年たってから初めて御主人に話しました。彼女は、そして年金の事業を受け取られました。

　そのとき、わたしの婚約者は日本の兵隊にとられて、南方へ行っていました。わたしは家でお父さんの仕事を手伝っていました。そうしたら日本人の警察が呼びに来て、仕事があるから来なさいって言いました。兵隊にご飯をつくったり、破れた着物を縫ったりする仕事だと。行きたくないと思ったけれど、警察の人が、いまは戦争で男も女も国家総動員法だから来なくてはいけないと言うので、働きに行くことにしました。日本兵がたくさんいました。わたしのほかに女の人も何名かいました。わたしたちは朝起きたら顔を洗って、ご飯をつくって兵隊に食べさせ、それから洗濯して、破れた着物を縫いました。そうしたら、夜になって呼ばれて、部屋に入れられて…、悪い仕事でした。

　泣いてばかり。昼間は着物を縫って、洗濯して、この仕事は楽でした。でも夜は死んだ。死んでるんです、死んでいる気なんです。逃げたいけれど道がわからない。それに門のところに兵隊が立っているから、逃げたら鉄砲で撃たれるでしょう。
　子どもだったですよ、なにもわからなかった。妊娠したこともわからない。食べ物を食べても吐くから、一緒にいた女の人に妊娠しているよと言われました。二ヶ月で流産しました。今でも涙が出ますよ。あぁ…あんたにこんな悪い話を聞かせて、すみませんね。
　婚約者はもう死んだと思っていたけれど、戦争のあと長い間して突然帰ってきました。それから結婚しました。でも主人にもずっと言わなかった。誰にも何も言わなかった。言えないですよ。

　50年たってから、ほかにもわたしと同じ人がいることがわかって、わたしも黙っておれなくなって、がまんできなくなって、主人に話しました。許してくださいといって頭を下げた。主人はびっくりして、自分も戦争で苦しかった、あんたも苦しい目に遭っていたんだねと言いました。でもしようがない、これは戦争だからといって許してくれました。それまでずっと、主人がこれを聞いたら、わかったらどうするかと思うと、心が怖かった。そのことばかり考えていました。でも主人に話して、気持ちが明らかになりました。

　いまは主人とふたりで暮らしています。ひざや体が痛くて畑の仕事もうできないから、野菜を少しつくって、こうして束にして売りに行っています。年寄りだから米も少ししか食べないから、それで足りるでしょ。お金ないから、生活はとても苦しい。

1996年収録

被害者の声−償い事業を受け取って

ある韓国人慰安婦の号泣

　1997年10月29日のことでした。
　レストランで私たちが先に行って畳の部屋で待ってたら、来てくれたんです。すごくきれいにおしゃれしてね。・・・にこりともしないし、少しこわばった顔をして、目を伏せて、こちらの顔を見なかったのですね。それでずっと顔を見ないでやり取りしてたんだけど。とにかく、手続の説明や何やかやとやって、お金をお渡しする前に、総理のおわびの手紙を先に読んだんです。総理の手紙を読み始めると、そのころからもう泣き出してたんだけど、理事長の手紙になると、理事長のお手紙の方が長くて、もう少し感情というか気持ちの部分が入っていた。すると、その韓国の元慰安婦の女性は、もう感情を押え切れなくなって、本当に、「ぎゃーっ」と叫ぶような、からだの奥底からしぼり出すような声で泣き続けたんです。号泣と言うんでしょうか。
　で、途中で私も手紙を読み続けられなくなっちゃって、こちらもすごい衝撃で、畳の部屋で和食のテーブルに向かい合ってすわっていたんですけど、途中で私は向こう側に行って、彼女を抱いて、「ごめんなさいね、ごめんなさいね。」って、一緒に泣いてしまいました。私もなぜそう言ったのかわかんないんですけど、彼女を抱きしめて、ただ、ひたすら「ごめんなさい」と泣いて言い続けました。そしたら、彼女がわんわん泣きながら、「あなたには何の罪もないのよ。」って。「遠いところをわざわざ来てくれて、ありがとう。」というような趣旨のことを言って、でもずっと興奮して泣いていて、しばらくお互い抱き合いながらお互いそういう状態でいて・・・
　私は、「でも私はあなたは私に罪がないって言って下さったけど、でも私は日本人としてやはり罪があるんですよ。」と言いました。「日本の国民の一人として、あなたにおわびしなきゃいけないんです。」というような、そういうやりとりがあって。それで少し落ちついてきたんで、また元の席に戻って、残りの文章を読み終わって。そしたら、彼女の顔付きがトゲトゲしいこわい顔が、やさしい顔になっていたんです。つきものが落ちたように、変わっていた。・・・　そして、私の顔をもちゃんと見て、それからポツポツと自分の身の上を話し出したんですよ—下村満子アジア女性基金理事の回想より—。

台湾被害者の反応

　総理大臣のお詫びの手紙などをお届けしたとき、Rさんには夫が付き添ってきました。Rさんは黙ってうつむいて涙を流し、夫はそのときの気持ちを即興で歌にして歌いました。どのような意味の歌詞ですかと尋ねると、「日本のみなさんがわたしの妻にしてくださった親切を忘れません。これからわたしが祈りを捧げるときには、かならず日本のみなさんの幸せをもお祈りしています」という意味だと説明してくれました。

　Sさんは自分の部屋にもどるとすぐ、もう一度総理のお詫びの手紙を取り出してゆっくり読み返しました。そして、同じ被害者で長年の友人に向かって、「もういいでしょう。"ゆるしてくれ"とここに書いてある」と微笑みました。

Lさんは原文兵衛アジア女性基金理事長(当時)に会い、はにかみながら、しかししっかりとした口調で感謝の気持ちを表しました。帰り道、「本当は天皇陛下に謝ってもらいたかったけれど、日本で三番目に偉い人(注:故原理事長・元参議院議長を指している)に会って謝ってもらったから、これで気がすみました」と言いました。

拠金者からのメッセージ

アジア女性基金のよびかけに応えて拠金してくださった方々はメッセージを添えて送って下さいました。このメッセージには、国民の心情が表現されています。基金はこれらのメッセージを翻訳して、「慰安婦」とされた方々にお渡ししています。ここでは多くのメッセージの中から、1997年の基金のパンフレットに収録したものと基金のホームページに収録されたものを紹介します。より多くのメッセージは、基金のパンフレット『拠金者からのメッセージ』をご覧下さい。

■1997年の基金のパンフレットより

人間としてのおわび
——議論はあっても行動することが大事だと考え、ささやかながら協力させていただきます。
——慰安婦であったために、不幸な人生を送られた方々に、ぜひ手厚いおわびと、これからの幸せをお祈り申し上げたいと思います。十分なお手伝いはできませんが、一日2時間くらい家でできるボランティアがあったらお申しつけください。早めの償いをこころからお願いいたします。
——こういうアジア女性基金ができるのを待っていました。日本人としての胸のつかえが少し軽くなる思いです。うれしいことです。

少しづつでもできることから
——戦中、私はまだ子供でしたが、後に「従軍慰安婦」の存在を知り、この犠牲になった女性たちの悔しさを察して、このような非道な策を実行した日本軍隊に対する怒りで身が震えました。この罪の償いは日本人一人一人が果たすべきものと考えます。その具体的な行動の一つとしてこの募金の意義を認めます。
——相手国の立場、日本政府の理屈もあるでしょうが、ODA(=政府開発援助)より優先して償うべきと考えます。
——元慰安婦の方々の名誉回復に役立つような形で活用してほしいと思います。と同時に、これで日本政府の責任が済んだというのでなく、事実解明等、種々の努力を継続することも訴えてください。

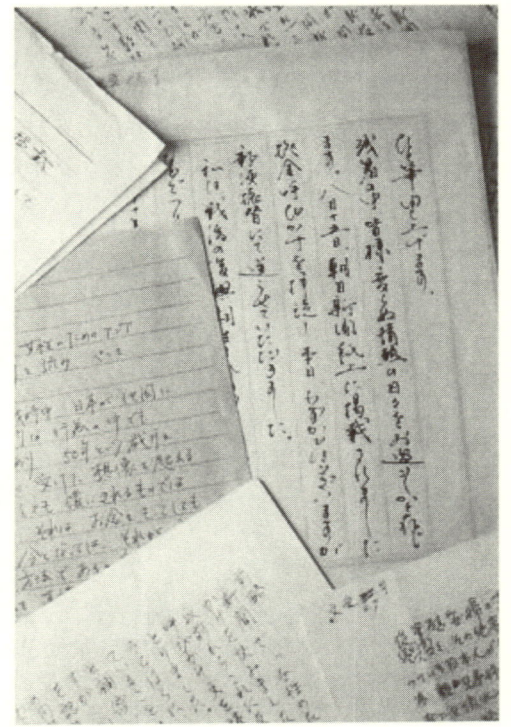

戦争を知らない若者から
——この国の人間である以上、この国の過去の過ち、歴史からのがれることはできません。従軍

慰安婦とされた皆様に日本人として、人間として心からお詫び申し上げます。アジア女性基金のご成功お祈りいたします。——あの戦争を知らない27歳の若者より。

——「民衆の側の戦争責任」の自覚のもとに参加します。

きちんと過去の清算を
——「従軍慰安婦」とされた方々へ私は深く頭を垂れお詫びを申し上げます。この方々への償いは「国」が「国」としてするべきであると強く思います。しかし、この方々の50年後のいまは、年老いておられ、残された時間は少ないことを思います時、私は原則論を曲げます。日本国民の一人として償いのために用いていただきたく送金いたします。この方々の苦痛が少しでも和らいでいただくことができますようにと念じます。そして二度とこのような歴史をつくってはいけないと強くつよく思います。

軍人恩給の一部を寄付
——かつての兵士として、軍人恩給の一部を寄付します。しかし一言言わせてもらえれば、戦場心理は現場にいた者にしか理解できないもの。軽々しく見ないでほしい。

戦後50年、新しい出発点に
——国の謝罪と補償が良いと思いますが、そこへの過程としての民間基金に賛意を表します。ささやかですが家族4人の募金です。活用ください。私の父はいま77歳で、満州、沖縄で参戦しました。基金の成功をお祈りいたします。

——アジアの国々との間に、よい関係を育てていくために、小さな小さな協力をさせていただきたいと思いました。

——ひどい目にあっている女性は今もたくさんいます。がんばってください。

——戦争責任の処理だけでなく、現在もある無責任な日本人男性の犠牲となっている、父親のないアジアの国々の子供たちのためにも、救いの手をお願いします。

■2007年基金のホームページより

アジア女性基金のニュースを見て、最初は遠い出来事のように思っていましたが、熱心な活動を知るうちに、さまざまな問題をかかえている女性のために頑張って欲しいと思うようになりました。女性にとってたいへん心強い活動だと思いますので、ずっと続けて欲しいと思います。様々なプロジェクトがよい方向に発展しますようにお祈りいたします。（神奈川県川崎市・女性）

元「慰安婦」の方々の気持ちを思うとこころが痛んでなりません。誠に小額ですが、日本人の一人として謝罪と償いの気持ちをお送りしたいと思います。（東京都杉並区・女性）

戦争によってどれだけ多くの女性が傷つけられ、男性からの暴力によって心身ともにめちゃくちゃにされたのかと考えると、ますます「平和」の重要さ、大切さ、二度と戦争をおこしてはいけない、という思い、男性の暴力を許してはならないという気持ちを強くしました。（東京都杉並区・女性）

私も少年時代に戦争を経験した者ですが、当時を顧みて気持ちばかりの拠金をさせていただきます。どうぞ元「慰安婦」の方々には楽しい余生を送って下さるよう、願ってやみません。（千葉県習志野市・男性）

「慰安婦」の方々の償いのためにお用いください。(埼玉県浦和市・女性)

2度目です。日本国民から基金を集めているところに意義があることを、理解してもらうように努力してほしいと思っています。(京都府長岡京市・男性)

大変遅くなり、申し訳ございませんでした。ようやく就職が決まり、協力させていただけるようになりました。(東京都渋谷区・男性)

◪ 侵略戦争が、かけがえのない個人の人生に取り返しのつかない悲惨な死や苦しみ、悲しみをもたらすことを私たち日本人は直視つづけ、後世に語り続けねばならないと考えています。(東京都中野区・男性)

◪ わずかですが、一日も早く希望される元「慰安婦」の方々へ届くことを願っております。(2001年2月19日　東京都杉並区・女性)

◪ たいへんな時代を生き抜いてこられた方々のこころのうちを想うと、言葉もでません。些少ですが、私の気持ちを受け取っていただければ幸いです。(千葉県松戸市・男性)

◪「基金ニュース」をいただきました。反省と償いの事業は大変なことと存じます。私も中国へ従軍2年の者、幸い帰国できて今80歳です。「慰安婦」問題についてはいろいろと考えさせられております。些少ですがお役立てください。(埼玉県小川町・男性)

◪ 日本人が「慰安婦」の方々にしたことはどんな罪よりも一番ひどいことだと思います。何も知らない純粋な少女たちに、一生かかっても消えない精神的苦痛と肉体的苦痛を与え、戦争の犠牲者となり悲惨な目に遭わされた彼女たち。この事実を今生きている我々はもっと「知る」必要があると思います。そして二度と繰り返さないように、しっかり伝え、正しい教育をすることが大切です。そして彼女たちのこころの重荷が少しでも軽くなるよう、生きている間にせめてもの償い、謝罪と謝罪金を渡してください。迅速で息の長い行動を望みます。あと、宣伝をもっと増やし、募金額・期限を延ばしてください。(徳島県小松島市・女性)

◪ アジア女性基金の活動に敬意を表します。繁栄の中に過去を直視しない思想が広がりつつありますが、人々の尊厳、平和、幸せと生きることをお互いが深く考え、過去への道義的責任を果たすことも21世紀が真に人々の世紀としてアジア全体で共生し、協生する使命だと思います。世羅町役場職員のカンパをわずかですがお送りいたしますので、一助となれば幸せです。(広島県世羅町役場)

◪ 誠に些少ですが、送金させていただきます。私は4級度の障害者で兵役の経験はありません

アジア女性基金の償い事業

が、戦時中のことはよく憶えており、こころを傷めている1人です。（大阪府門真市・男性）

- お仕事、ご苦労様です。地方においてこつこつ拡大に努めたいと思います。（静岡県掛川市・男性）

- 入院のため振込が遅くなりました。（大阪府枚方市・男性）

- 基本的には日本国政府が補償すべき問題だと思いますが、ドイツではユダヤ人のホロコーストの補償を政府と関連の会社・企業が補償してきたと聞いています。また、アメリカでは戦中の日本人の強制収容に対して遅ればせながら補償をしてきました。日本は日本国籍の兵隊だけに恩給を送り、沖縄をはじめ被害を受けた民間人には一切補償していません。わずかですがカンパします。（大阪府大阪市・男性）

- 元「慰安婦」の方々へお捧げいたします。どうか私たち日本人を、また、私たちの父祖たちの犯した罪を、どうかお赦しください。皆様のこころの傷が一日も早く癒え、神様が平安をお与えくださいますよう、心からお祈り申し上げます。（埼玉県浦和市・女性）

- この後は、美しい絵を見たり、美しい音楽を聴き、少しでもこころ安らかに余生を送られますよう、こころから祈ります！（岡山県和気町・女性）

- この3日、妻が70歳で生涯を閉じました。供養と思って寄付します。全世界の女性に平安とやすらぎを願います。（福岡県福岡市・男性）

- 少額ですが募金させていただきます。「償い金」の一人あたりの額はその人の人生を踏みにじったにしてはわずかのようですが、日本人の良心を証しするために、最後まで頑張ってください。（宮城県仙台市・男性）

- 公民館の窓口に募金箱を設置して集めました。少額ですが、お役に立てればと思って送ります。（福島県楢葉町・公民館）

- お金で償いができるとは思いませんが、少しでもお役に立つ一部にしていただければ。（神奈川県川崎市・女性）

- ソウルにいる息子に頼まれ、振り込みました。（岡山県岡山市・女性）

- 先月は都合が悪く送金できませんでした。計画の2ヶ月分ですので、ご笑納ください。（愛媛県丹原町・男性）

- 償いの事業に参加いたします。（2001年4月24日　茨城県取手市・男性）

- このたび「男と女の人権」というテーマでDV、児童虐待について4回連続のセミナーを初めて開催しました。その際、入り口に募金箱を設置しました。（茨城県北茨城市・女性連盟）

- 日本人の責任として償いをせねばと思います。貧者の一灯です。ご活用下さい。（千葉県佐原市・男性）

- 少しでも気持ちが安らぐことを願います。（愛知県豊橋市・女性）

📝 困難と思われた事業が皆様の誠意ある活動で認められてきていることを嬉しく思います。（栃木県宇都宮市・女性）

📝 少額ですが、少しでも日本の犯した罪の償いになればと思い・・・（新潟県新井市・男性）

📝 やはり公平な調査と国家による正式な謝罪賠償を望みます。そして、きれいになって出直したい。（熊本県熊本市・男性）

📝 わずかではありますが、文化祭での募金をお送りいたします。（茨城県・高校ボランティア部）

■ 基金事業に関わった関係者の回想

アジア女性基金は、事業を振り返りその歴史を記録する「オーラルヒストリー・プロジェクト」を、2年間にわたり行ってきました。この部屋では、基金の設立と活動の骨格づくりにかかわった政治家や政府関係者、基金の呼びかけ人、理事、運営審議会委員、実務担当者、また、国内外で基金事業の実施を支えてくださった協力者からのインタビュー記録を収めています。(基金役員の名簿はこちら)

(1) 基金設立と活動の骨格づくりにかかわった人々

村山富市	元内閣総理大臣・アジア女性基金理事長
河野洋平	元内閣官房長官
石原信雄	元内閣官房副長官・アジア女性基金副理事長
上原康助	戦後50年問題プロジェクト座長
武部 勤	戦後50年問題プロジェクト慰安婦問題等小委員会委員長
美根慶樹	元内閣外政審議室審議官
古川貞二郎	元内閣官房副長官
池田 維	元オランダ大使

(2) 基金で活動した人々

大鷹淑子	アジア女性基金副理事長
赤松良子	アジア女性基金呼びかけ人、評議員会座長
宮崎 勇	アジア女性基金理事
高崎宗司	アジア女性基金運営審議会委員長
伊勢桃代	前アジア女性基金専務理事
金平輝子	アジア女性基金理事
大沼保昭	アジア女性基金呼びかけ人、理事
横田洋三	アジア女性基金運営審議会委員
和田春樹	アジア女性基金呼びかけ人、専務理事
中嶋 滋	元アジア女性基金運営審議会委員
有馬真喜子	アジア女性基金理事
林 陽子	前アジア女性基金運営審議会委員
松田瑞穂	前アジア女性基金業務部長
下村満子	前アジア女性基金理事
岡 檀	アジア女性基金業務部長

(3) 国外で基金事業実施を助けてくれた人々

頼 浩敏	台湾事業実施連絡責任者・弁護士
マルガリータ・ハマー＝モノ＝ド＝フロワドヴィーユ	オランダ事業実施委員会委員長

基金設立と活動の骨格づくりにかかわった人々

村山富市

元内閣総理大臣・アジア女性基金理事長
1924年生。1947年日本社会党入党。55年大分市議。63年大分県議。72年衆議院議員。93年日本社会党委員長。94年内閣総理大臣。95年村山談話を発表。2000年アジア女性基金第二代理事長。

　慰安婦の問題については、宮沢内閣のときに河野談話が出され、軍の関与が明らかになっている。これはやっぱり責任がある、これは決着をつけなければならないということは3党の皆さんも共通の認識をもっていました。だから内閣としても十分対応する必要があるというふうに考えておりましたからね。だからそういう背景があって、慰安婦問題の取り組みは具体的になってきたということですね。

　具体的な取り組みになりますと、慰安婦に対する認識、理解のちがいもあって、なかなか意見の一致は難しかった。自民党の場合には、これはもうすべて平和条約で決着がついている、法的に解決ずみの問題なので、今更繰り返すことはできないという主張でした。それに対して社会党は国の責任だから、国が補償する必要があると主張したので、議論が対立した。特に官僚は「もう済んでいる問題です」というので、平行線になり、意見がなかなか一致しなかったんです。

　しかし、これだけ国際的な問題になっているし、これはふたをすることはできない問題ではないか、何らかの打開をすべきだというので、議論を重ねた結果、国もやる、そして国民にも参加してもらう。だんだん戦争が風化してきているような状況の中で、戦争を知らない皆さんにも過去にこんなこともあったのかということを知ってもらういい機会でもあるから、国民も参加してもらって、慰安婦に対する政府の道義的な責任を果たすために償い事業をやろうではないかというので、基金がつくられたということです。　（全文はこちら📖）

河野洋平

元内閣官房長官・衆議院議長
1937年生。1965年自由民主党入党。67年衆議院議員。85年科学技術庁長官。93年宮沢内閣官房長官。河野談話を発表。94年自由民主党総裁、95年外務大臣。2004年衆議院議長。

　それで、宮沢内閣で私は官房長官として8ヶ月ほどお仕えしたんですけれども、その間にしょっちゅう国会で、調査は進んだのかということを質問され、誠心誠意調査をしておりますと言い続けた。調査は随分いろいろとやりましたけれども、慰安婦の募集の経過についてははっきりとした答えがでない。当時の資料を発見しようと努力をしたわけですが、それがなかなか見つからない。
　それで文書資料を見つけることも大事だけれども、いわゆる慰安婦だったという方から聞き取り調査を丁寧にやる方がいいということで、韓国で聞き取り調査をやることにしたわけです。・・・
　そうして話を聞いてみると、それはもう明らかに厳しい目にあった人でなければできないような状況説明が次から次へと出てくる。その状況を考えれば、この話は信憑性がある、信頼するに十分足りるというふうに、いろんな角度から見てもそう言えるということがわかってきました。一方では資料面での裏づけが十分ではないということがあって、さあどうするかという話になったんですね。談話を発表するにはなかなか難しい状況であったのは、やっぱり一つはそれはもう幾ら資料を探しても、そういう命令をしたというような資料はできるだけ残したくないという気持ちが軍関係者の中にはあったのではないかと思いますね。ですからそういう資料は処分されていたと推定することもできるのではないかと考えられます。総合的に見て、こうだということを言うことが難しい状況ですが、これ以上、時間をかけていいかというと、それはなかなかそうもいかない。・・・
　しかし私自身はそういうことではなくて、これはやっぱり人間として、それから女性の立場からいって、きちんとして差し上げなければ、もうそれは表現は悪いんですが、死んでも死に切れないだろうというふうに私は思って、これはどこかでけじめをつけようというふうに思っておりました。・・・私はみんなの説明を聞いて、わかった、官房長官談話を出そうと決心したわけです。　（全文はこちら）

石原信雄

元内閣官房副長官・アジア女性基金副理事長
1926年生。84年自治省事務次官。87年内閣官房副長官、以後村山内閣まで7つの内閣でこの職をつとめる。95年退官、アジア女性基金理事。2000年副理事長。現地方自治研究機構会長。

　河野談話のあの文言も最終決定するまでには、もちろん関係者のあいだにいろいろな意見がありました。外政審議室でも、少し筆が走りすぎてるのではないかというような意見もあったんですけど、最終的にこれでいこうということになりました。あの文言は、外政審議室が事務方として作成にあたり、私も官房長官も入って検討し、総理にも十分ご相談のうえ決めたわけです。だから、いまあの河野談話について、慰安婦問題にそもそも反対する人たちが、とんでもない談話を出した、けしからんと言って、だれがどうしたというようなことを言うのですが、あの表現は官邸のなかでみなで相談して、最終的に決めたものなのです。当然外務省、厚生省、労働省など、関係する省庁には全部連絡して決めたわけですから、あれは内閣の意思でして、特定の人の意見ではない。内閣の責任で出した談話だということは間違いありません。　（全文はこちら）

上原康助

元戦後50年問題プロジェクト座長・元衆議院議員
1932年生。高校卒業後、米軍基地で働く。61年全軍労委員長。70年衆議院議員。93年細川内閣で国土庁長官。94年日本社会党副委員長、戦後50年三党プロジェクト共同座長、2000年政界引退。

　ある意味では個人的にはむしろ、なぜまわりくどい基金制度にするのかということで、五十嵐官房長官にもお聞きしました。例えば厚生省側の援護局とか、そういうところを窓口にしてやる方法はないのかと。いろいろそこも検討対象にあったのだが、国の機関としてやっていくとほかの案件にも影響すると。あれは出来るのに、これは出来ないのかとか、必ずありますよね。そういうこともあるから、知識人の方々・・・の知恵を借りて、基金ということで運営をしていくと。それでもかなりの意は尽くせると思うからということでやったと思っています。
　私個人はむしろ国が、マラリア問題のように直接にやりなさいと思っていました。あれも慰謝料として確か6万か7万の見舞金を一時的に出したんです。そういう方法もある。100点を取れないにしても30点あるいは50点程度でも意を尽くせば、やらないよりは理解してもらえる。関係者、犠牲者の心も癒させるだろうということでやりました。そういうことでこの慰安婦問題を基金制度でやっていくことになったと思います。しかも支給額は、十分ではないが医療費とかあるいは若干の生活の足しになるし、長い間の経済的、精神的苦労に応える面もあるという説明を受けましたので、これも一つの選択肢かなと理解したわけです。

（全文はこちら📖）

武部勤

元戦後50年問題プロジェクト慰安婦問題等小委員会委員長
1941年生。71年北海道議会議員。86年衆議院議員。95年三党プロジェクト慰安婦問題等小委員会委員長。2004年自民党幹事長。

　賠償とか、補償とか、請求権の問題とかは、サンフランシスコ条約と二国間の条約で解決済みである。実際、経済協力という名のもとに賠償もやってきたわけですね。国によっては、日本と当該国との間の問題は当該国の国内問題として残っているものもありましたね。また、そこのところを理屈っぽく、こうしたじゃないか、ああしたじゃないか、それは国内問題じゃないかと言ってしまえば進まないもんですからね。戦後50年を経た今、いやしがたい傷を負われたいわゆる従軍慰安婦の方々に対して、心からおわびと反省をあらわすとして、この責任は政府だとか、特定の者が責任を負うというのではなくて、国民が分かち合う、道義的な責任という観点から、国民がみんなで責任を分かち合うということで基金をつくり、募金をして寄附をつのろう。そういうことになってきたんだと思います。・・・こういうことは村山内閣でなければできなかったでしょうね。・・・やっぱりこの種の問題は、国会でも全党挙げて一致するということが大事ですから、確かに宮沢内閣のときも河野官房長官談話もありましたし、下地はできていた。問題提起されてから相当長い時間かかって、自社さ政権になって、みんな一緒になれた。だから、できたのだと思います。

（全文はこちら📖）

美根慶樹

元外政審議室審議官、前ジュネーヴ軍縮大使
1943年生。外交官。1994年内閣外政審議室審議官。1999年防衛庁参事官(国際担当)。2001年ユーゴスラビア連邦共和国大使。2003年環境担当大使。2004年軍縮会議代表部大使。

　一番最初に出てきた問題が、請求権問題は解決しているということです。これが大きな前提となり、そのこととどうすり合わせるかというので、外務省からいろいろ資料をもらったり、議論もしたりしました。請求権問題は終わっているといっても、もっとなにか考える余地はあるだろうというように、その前提から離れていくわけです。
　・・・ものすごく印象的だったのは、慰安婦に対して200万円か、もうちょっと多かったか、それを国が予算で手当してあげてしまえばいいではないかという意見が非常に強かったことです。政府部内の検討にはいろいろなことがありましたが、あるときは五十嵐官房長官から、こんなものはダメだと言われて書類をボンと放られたこともありました。
　外政審議室は苦しみ抜いて最後に今の骨格の基金をつくることになりました。その基金を下支えする仕組みに予算を入れるのは構わない、直接にお渡しする分は国民から寄付を募って、差し上げるということでどうかという考えになったわけです。
　（全文はこちら🗐）

古川貞二郎

元内閣官房副長官、社団福祉法人母子愛育会理事長
1934年生。60年厚生省入省。93年厚生事務次官。95年内閣官房副長官、在任8年7ヶ月。2003年早稲田大学客員教授。

　第2の問題は、償い金に国のお金を出せないかどうかという問題です。この点については、当時の五十嵐官房長官は私に再三にわたって、国の金を償い金に入れられないか、是非検討して欲しいと強く申されました。私はその時申し上げたのですが、私どもの今の作業というのは、与党三党合意で報告があったその線に基づいてやっているわけでして、国民参加でやるということで、償い金に国の金を出すというふうな方向になってないわけでございます。私どもは、その制約の中で作業しておりましたので、官房長官には、そういう経緯を申し上げまして、報告が行われる段階、与党の検討の段階でそのことを主張なさらなかったのですかと申し上げたことがございます。五十嵐官房長官はいろいろ主張したけれども、いれられなかったといわれました。・・・
しかし私は官房長官の御熱意というものは、お気持ちというものはよく分かりますので、いろいろ知恵を出そうということで考え、検討いたしました。私は厚生省の出身です。厚生省においては、お金は出せないけれども、医療、福祉サービスというような、いわゆる現物給付ということをやるということがよくあります。それで私は医療福祉事業という形で、政府の金でこういった方々にサービスをする、そういうことならば政府の資金を出すということは可能です、そういったことで医療福祉事業を実施したいというようなことを官房長官、総理にも申し上げました。官房長官に申し上げた時には、「それはいい考えですね」と大変喜ばれたという印象がございます。
　（全文はこちら🗐）

池田　維

元オランダ大使
1939年生。62年外務省入省。80年中国課長。89年タイ国駐在公使、92年アジア局長。94年官房長。96年オランダ大使。02年ブラジル大使。04年退官。05年財団法人日本交流協会台北事務所代表。

　日本とオランダの第二次世界大戦から出てきた問題については、法律上は完全に処理済みであるという立場を変えることは出来ないけれども、同時に民間人と軍人を合わせて13万人の人たち、特に民間人9万人ぐらいの人たちの戦争被害者の感情がまだ残っている（オランダの全人口は1600万人）。56年に見舞い金を出したけれども、十分な額ではなかったというようなこともあったようです。戦争から生み出された負の遺産とも言うべき問題は考えてみると容易ならざる問題で、なかなか終止符を打てるような簡単な問題ではないのですが、しかし個人の恨みのレベルは別にして、社会対社会としては、この問題をあまり大きな日蘭関係の阻害要因にしないように、一つの大きな区切りをつけることは出来ないか、という問題意識は赴任して以来常に持っていました。それも戦争が終了してすでに半世紀以上が経っているという事実を考えてみると、ますますそのような象徴的な区切りが必要になってきます。

　その中では平和交流計画により被害者を日本に招待できるようになった。それから「青年交流」という新しいスキームを作り、戦争被害者の子供たち、特に高校生ぐらいの人たちを、夏休みに日本に招待することが出来ました。これも非常に良かったですね。そういうことの一環で、アジア女性基金の事業として慰安婦の問題に終止符が打てたということは、日蘭関係の中でも最もきびしい反日意識をもった人たちに対し一つの解決策を見出したという意味で、全体の日蘭関係をその後進めていく上で大きなプラスの影響を与えたのではないかと思います。

　（全文はこちら📄）

大鷹淑子

アジア女性基金副理事長
1920年生。38年満映女優李香蘭としてデビュー。戦後は日本映画界で活躍。58年引退。69年フジテレビ「3時のあなた」のキャスター。74年自由民主党参議院議員。92年引退。95年アジア女性基金呼びかけ人、理事。

　基金時代での全期間の中でもっとも印象的なことは、韓国人の元「慰安婦」の方との出会いです。戦争中から私のことを知っているということで、連絡してこられ、おめにかかりました。ほんとうにびっくりしました。その方は、李香蘭の映画の撮影が蘇州であるというので、兵隊さんに連れられてロケ現場に来たそうです。「あなたが桃の造花を持って蘇州夜曲をうたっていたのを、大勢の人の間から見ていたのです」とおっしゃいました。ちょうどいい枝ぶりの桃の花がなくて、スタッフが紙で桃の花を作ってくれたのですが、実際に見ていた人でなければわからない、そんなことまで覚えていらっしゃいました。
　その方は15歳のとき郷里の町の道端で警察官に連行され、汽車に強引にのせられ、上海に連れて行かれ、蘇州の慰安所に入れられたそうです。そこから何度か逃げようとしたそうですが、銃剣でおなかをさされたこともあったそうです。「クレゾールを飲み死のうと思ったのですが、分量が足りなかったのか濃度が薄かったのか死ねなかった」といわれました。ロケをしている私の姿をみたのはそのころだったそうです。お話を聞き胸がいっぱいになり、「辛かったでしょ、ごめんなさいね」と心から謝りました。この方とは電話でその後ずっとお話をしていたのですが、もうお亡くなりなりました。私には忘れることの出来ない方です。
　（全文はこちら）

赤松良子

アジア女性基金評議員会座長
1929年生。1953年労働省入省。総理府婦人問題担当室長、国連代表部特命全権公使、労働省婦人少年局長、駐ウルグァイ大使を歴任。細川、羽田内閣で文部大臣。95年アジア女性基金呼びかけ人、評議員。のち文京学院大学教授、国際女性の地位協会会長。

　何しろ、五十年も前の出来事とはいえ、女性の人権を甚だしく損ない、国際的にも極めて不名誉な行為を、どうやって始末をつけるかという難問題であった。…これらの女性たちに対して、日本政府が、正式に謝罪し賠償を行なうという方法がとれれば、納得が得られるのであろうが、戦争終結の条約締結の際、一括して解決したとする有権解釈が存在し、後になって個々人への賠償等はすることは法律上できないというのが、政府の立場であった。この法解釈をめぐっては、反対論も多くあったが、早期に解釈変更する見通しはたたないまま、被害者はすでに老令期を迎え、あと数年の内に困窮の中で世を去っていく可能性が極めて大きいと伝えられていた。
　…何もしないで、二十世紀を終えるわけにはいかない。政府ができないのなら、国民がおわびの気持ちをとどける方法を考えよう。何もしないより、その方がずっといいではないか。この結論に達するのに、それほど時間はかからなかった。国民からの拠金をつのるための組織を作ろうという運動の「呼びかけ人」になってほしいとの御依頼にも、抵抗なく引きうけることができた。
　（全文はこちら）

宮崎 勇

アジア女性基金理事
1923年生。47年経済安定本部入庁。経済企画庁事務次官、大和総研理事長。95年アジア女性基金呼びかけ人、村山内閣経済企画庁長官、96年アジア女性基金理事。

　こうして私は基金との関わりを持つことになったのですが、最初に受けた精神的なショックは、和田さんと一緒に韓国の従軍慰安婦と会ったときのことです。　もちろん、私は当時、従軍慰安婦であった方々には十分な謝罪とそれなりの補償をすべきことは当然のことと思っていました。そして補償金額も多いほどよく、そうすれば従軍慰安婦であった方々も、何程かは（百％ではないにしても）納得していただけるのではないかと思っていました。それで、予算や手続きなどのこともあり、一体慰安婦の方々に具体的な要求があるのだろうかと考え、「ところで、取りあえず私たち（基金）にどんな具体的な注文なり要望があるのでしょうか」と尋ねてみました。私は心中「コトバや補償金額の問題ではありません。日本側の誠意ある行動が欲しい」というような返事が返ってくるのでは‥‥と思ったのです。ところが、彼女たちから出てきた言葉は「何も要りません。ただ私の青春を返して下さい」という言葉でした。
　私は一瞬、息をのみ、言葉も出ませんでした。この従軍慰安婦の一言が、非力な私の基金活動の源泉であり、いまもそのときのショックが明白によみがえります。
　（全文はこちら）

高崎宗司

アジア女性基金運営審議会委員長
1944年生。日本史専攻。出版社勤務をへて、87年津田塾大学助教授、のち教授。
日韓、日朝関係史を研究。95年アジア女性基金運営審議会委員。

　わたしが運営審議委員に就任することになったのは、先に呼びかけ人になることを承諾していた和田春樹さんに誘われたからである。‥‥7月12日に外政審議室長だった谷野作太郎さんの「面接」を受けた。私は「長年、韓国民主化運動に連帯する運動をやってきたし、韓国人の書いたものを翻訳・紹介してきた関係がある。韓国の人たちとの基金をめぐる対話の場が作れるのではないかと思う」というような決意を話した。（基金発足後、韓国の人たちと基金をめぐって何度も話し合ったが、一部の人を除いて理解を得ることはできなかった。その理由については、考えてみなければならないことも多い。）
　運営審議会委員の名簿が公表されると、知人や未知の人から「辞任してほしい」という手紙が三通、電話が一通あった。基金とは関係のない講演の後、待ち構えていた人たちに基金についての話し合いを求められたこともあった。
　そうした中で、「なぜ、基金か」ということについて、自分なりの考えが急速にまとまってきた。①政府がそれまでにない誠意を見せている、②補償法を作ること、裁判で勝利することは不可能に近い、③ハルモニたちが生きているうちにしなければならない、ということであった。②については、1965五年の「日韓請求権及び経済協力協定」で一応の解決済みというのが私の考えの前提にあった。
　（全文はこちら）

伊勢桃代

前アジア女性基金専務理事
1937年生まれ。慶応大学卒業。シラキュース大学大学院修士。69年国連本部に勤務。85年国連本部研修部部長。88-89年国連大学事務局長。97年国連退職。97年―2004年アジア女性基金専務理事。

　心に残っている出来事は実に多いが、アジア女性基金の終了にあたり、特に望みたいことをここに付記したい。償い事業の成功・不成功は、限られた時限でのアジア女性基金の事業のみで測るべきでは無いと考える。基金は、連立政権下での与党3党が合意し、それなりの予算を国会が承認し出費してきたにも拘わらず、政府は国内においても、国際的な場においても償い事業の明確な説明をしていない。その根本的な理由として挙げられることは、戦後処理に関する議論を発展させず、国としての理解や立場を整理してこなかったことによる国家としての合意の欠如である。戦争に関する個々の意見の違いはあろうが、国家としての基本線を明確にすることなくして国民的な運動は出来ないのである。リーダーシップとは、国を纏める役割を担うことであり、国を二分することではない。償い事業が世論を動かすまでにいたらなかったことの主な原因はここにあると思う。と同時にこの状態は日本が国際的にも、アジアの中でも孤立する原因であろう。政治が「未来のためにある」のであれば、基金の事業から教訓を学んで頂き、日本の未来の役に立てていただきたいと望むものである。

　（全文はこちら）

金平輝子

アジア女性基金理事
1927年生。50年東京都児童相談所技師。81年東京都福祉局長。91-95年東京都副知事。アジア女性基金理事。2002年ハンセン病問題検証会議座長。06年日本司法支援センター理事長。

　1997年1月11日、私は、基金の理事・運営委員である高崎宗司、野中邦子、中嶋滋さんをはじめ事務局の方とソウルに入り、ソウルのホテルで5人の元慰安婦の方にお目にかかりました。何と皆さん盛装をして出席なさったのです。そこで、総理の手紙や当時の原理事長のお手紙を一人一人にお渡ししました。金田君子さんにこれが、日本の総理から、貴方へのお手紙ですとお渡ししたところ、これが、日本の総理の手紙、と言ってじっとこれをみつめておられた金田さんの目から、涙が溢れてとまらなくなりました。私は、こうやって皆様に日本の総理、理事長の手紙そして、国民から集めたお金を持ってきたことを述べました。
　「しかし、どのようにお詫びの言葉を述べ、お金を差し上げてもこの問題の犠牲になられた皆様の苦しみを償えるものではないと思います。身体的に精神的に刻まれた深い傷を、台無しにされた人生を、償えないまでもせめて、私達に出きる事はないかと一生懸命考えてきたのです。国民からも、お詫びを伝えたいと手紙がきており、持ってきました。」と言って、お手紙も読ませて戴きました。あの時、金田さんと抱き合った私は、辛い過去、消えない過去、それにも関わらず、私達の心からのお詫びを受け止めようとして下さった金田さんを始めとする五人の方々の優しさ、大きさに触れた一瞬だったと思っています。
　受け取り場所のホテルに見えなかったお二人には、野中運営委員と一緒にご自宅に一軒一軒伺い、同じようにお渡ししたのです。このお渡しが終わったあとで、高崎運営委員から"アジア女性基金のこと、韓国で事業を実施したことを韓国のマスコミに「お知らせ」という文書の形で説明しました。しかし、残念ながら、翌日私達の意を汲んで報道してくださったのは、東亜日報一紙だけで、他の新聞は、みな否定的な反応でした。

　（全文はこちら）

大沼保昭

アジア女性基金理事
1946年生。国際法専攻。東京大学法学部助手、助教授、教授。70年代よりサハリン残留朝鮮人の帰国運動に取り組む。95年アジア女性基金呼びかけ人、99年理事。

　94年10月に、五十嵐官房長官と谷野外政審議室長とそれから有馬さんと私の四人で会って話をしたんですね。このときに私は、議論の最初のところでは、戦後責任問題で包括基金をつくるという案を出したけれども、みんなできればそれがいいと言われました。有馬さんだけは、最初から包括基金案はどうかなって感じだったんですが、三人は、できればそれがいいと考えていた。ただ、いろいろと情勢分析すると難しいということになった。私は当時、田中宏さんの強制連行労働者の運動や内海愛子さんのBC級戦犯の運動も知っていたので、非常につらかったんですが、「やむをえない、まずは慰安婦問題を先行させて、行きましょう、とにかくわれわれの力量では全部を一緒にやることはできない、他の問題は先に考えましょう」と申し上げました。有馬さんは、すぐ「賛成」っておっしゃったんですが、五十嵐さんが、「まあそれしかないかな」とぽつりと言われて、それが印象的でした。
　ちょうどそのころ、与党三党プロジェクトで激しいやり取りが行われ、慰安婦問題ですら、できるかどうかわかんないという状況だっていうことだったもんだから、せめてこれだけでも追求して一点突破するしかないということになったんですね。徐々にそれがかたまって、結局95年6月に、五十嵐さんが官房長官談話を出すわけです。

　（全文はこちら📄）

横田洋三

アジア女性基金運営審議会委員
1940年生。国際法専攻。1969年国際基督教大学講師、のち教授。95年東京大学教授、2001年退官、中央大学教授。95年よりアジア女性基金運営審議会委員、初代委員長。

　金額を決めて、次に運営審議会が問題にしたのも、総理の手紙なのです。これは最初から出すことになっていましたが、どういう文章にするか、ということが問題でした。しかし、これについては何も諮問が理事会の方からなかったのです。それで運営審議会の方からもう一度これは具申しようということになりました。それで総理の手紙の文案を運営審議会で検討して理事会の方に出すようにと言われたのです。そこで皆さんに相談して、運営審議会では高崎さんの原案をもとに、文案をつくって、出したのです。

　（全文はこちら📄）

和田春樹

アジア女性基金専務理事
1938年生。歴史学専攻。東京大学社会科学研究所助手、助教授、教授。96年同所長。95年アジア女性基金呼びかけ人、97年運営審議会委員、2000年理事。2005年専務理事。

　それはちょっと説明を要します。韓国語では「お詫び」は「謝過（サガ）」と訳すことになっているので、このさい「お詫び」はふかい意味がこめられているとして、「謝罪（サジェ）」と訳すべきだと申し入れたのですが、これは

却下になりました。受け入れられるようになったのは、1998年の金大中大統領の訪日のさいの日韓共同宣言の翻訳のさいです。

　さて運営審議会では、高崎さんの案が運営審議会でまとまって、提出されたってことですね。他方で、私も書いているのです。どういうことで書いているのかわからんのですけど、私の文章として出しているんです。結局のところ、最大のポイントは総理大臣として謝罪する。道義的責任を感じるという文章を必ず入れてほしいということでした。それで結局政府側の文章ができて、平林さんが三人に見せると。横田さんもおいでになったんですよ。…横田さんと、有馬さんと私の三人が行って見せられたのですよ。コピーはもちろんもらえない。最後のチェックをしたわけですな。それで結構じゃないんでしょうかっていうことで帰ってきた。そこから、理事長の手紙ということが出てきた。…

　理事長も手紙を出そうということになって、それで私が総理の手紙の案として理事長に出したものが、理事長の手紙になったのですよ。どういう検討をしたのか忘れてしまいましたが、理事会では検討したんだろうと思いますね。

　（全文はこちら📄）

中嶋　滋

元アジア女性基金運営審議会委員
1969年早稲田大学卒業。自治労本部に就職。90年自治労国際局長、95年アジア女性基金運営審議会委員、99年連合国際局長、2004年ILO理事。

　結論的には、やはり関わってよかった。僕自身も非常に勉強になった。戦後補償問題から日本の歴史の問題、とりわけ韓国、中国をはじめとしたアジア諸国と日本との関係はいかにあるべきか。将来に向かってどういう関係性をつくりあげていくかということについて、学ぶ点が多かった。

　特に金田（君子＝仮名）さんが私に与えた影響は非常に大きかった。彼女は、たまたま私の母親と同じ年でした。同じ時代に生まれて、生まれた場所が朝鮮半島か日本かの違いで、これだけの差ができてしまうということを考えるとき、当時の日本が彼女たちの人生に与えた負荷──あまりにも大きく深い傷を彼女に負わせている。その後金田さんが、「私が平凡な一生を送ったとしたら、あんたくらいの子どもがいたんだよね」と言われたときは、何とも言えない気持ちになりましたね。金田さんをはじめあの年代の人が受けた傷を、その息子の世代である僕がどういうふうに対応できるのか、すべきなのかということを非常に強く感じました。それだけでも僕にとっては非常に大きな教訓だったんです。

　（全文はこちら📄）

有馬真喜子

アジア女性基金理事
1933年生。57年朝日新聞社入社、68年よりフジテレビ・ニュースキャスター。国連婦人の地位委員会日本代表。95年アジア女性基金理事、副理事長。98年国民生活センター会長。04年よりユニフェム日本国内委員会理事長。06年女性人権機構設立、理事長。

　その日の朝に、発言のテキストの英語と日本語が合致してなかったの。それを刷り直したんですよ。大使館を挙げてやってくださっていました。・・・ロサさんたちは4人おいでになるはずだったんです。ところが3人に減ったんです。お一人はどうしても顔を出したくないということでした。入ってこられたとき、みんな晴れ着じゃないですか。とっても明るい。びっくりしました。あれは本当うれしかったですね。・・・やっぱりあのときは涙が出ましたね。本当に、晴れやかな格好をして、穏やかにおばあさんたちが座ってるじゃないですか。この人たちが少女のときに慰安婦にされて、兵たちが毎日、それこそ性奴隷にしてたんだって思うと、私たちの国は何をしてきたんだという感じがありましたね。

（全文はこちら）

林　陽子

前アジア女性基金運営審議会委員
1956年生。1983年弁護士登録（第二東京弁護士会）。97年にミネルバ法律事務所を開設。95－2005年アジア女性基金運営審議会委員。

　私は、こういう事業を通じて、やっぱりこのフィリピンの民主主義とか、女性運動のすばらしさということは、すごく肌で感じました。よくフィリピンの事業が成功したのは国が貧しかったからとか、お金が欲しかったんだっていうことを言う人たちがいますが、本当にフィリピンの社会のことをわかっていないんじゃないかって思うんですね。フィリピンの運動は、本当に女性中心の女性運動ですよ。それに対して、日本の慰安婦運動をやっている人たちの中心には男性がいて、男性が中心でやっているっていう面が非常に強いですよね。そういう意味で、私は日本の女性運動というのは、フィリピンに比べたら何十年もおくれている、と思いました。

（全文はこちら）

松田瑞穂

前アジア女性基金業務部長
1941年生。75年キナード女子大学（パキスタン）勤務。82年アジアキリスト教協議会勤務。88年日本キリスト教婦人矯風会女性の家HELPディレクター。96年－05年アジア女性基金業務部長。女性人権機構事務局長。

　初めのうちは、家の改修やテレビのようなことに対しては、贅沢だとなかなか政府関係者の理解がないわけです。それで、おばあちゃんたちは、そのことで家族からせっつかれます。フィリピン人の概念で言うと、やっぱり住む所が整って、それからですよと、外見を気にします。家族のためにお金使いたがります。そんなことに使うのではなくて、病気になったときにとか自分のために使えばなどと対立します。そこら辺のギャップをどうやっ

て埋めて、双方の言い分を仲介するか。リラやロラたちとの決定的な対立を避けるための調整は結構しました。

　だけど、一度そういう理解ができると、あとは地方にソーシャルワーカーを定期的に派遣することが出来る様になりました。途中で物価が高くなって、そう頻繁に飛行機で訪問できないとか、その後も問題はありましたが、最終的には10人のソーシャルワーカー、事務員2人で医療福祉事業を実施しました。社会福祉開発省への貢献もある程度できたということで、うまくいったと思います。

　（全文はこちら）

下村 満子

前アジア女性基金理事
1961年生。65年朝日新聞社入社。90年『朝日ジャーナル』編集長。94年退社。95年アジア女性基金呼びかけ人、理事（－2006年）。健康事業総合財団理事長。

　レストランで私たちが先に行って畳の部屋で待ってたら、来てくれたんです。すごくきれいにおしゃれしてね。…にこりともしないし、少しこわばった顔をして、目を伏せて、こちらの顔を見なかったのですね。それでずっと顔を見ないでやり取りしてたんだけど、とにかく、手続の説明や何やかやとやって、お金をお渡しする前に、総理のおわびの手紙を先に読んだんです。総理の手紙を読み始めると、そのころからもう泣き出してたんだけど、理事長の手紙になると、理事長のお手紙の方が長くて、もう少し感情というか気持ちの部分が入っていた。すると、その韓国の元慰安婦の女性は、もう感情を押え切れなくなって、本当に、「ぎゃーっ」と叫ぶような、からだの奥底からしぼり出すような声で泣き続けたんです。号泣と言うんでしょうか。

　で、途中で私も手紙を読み続けられなくなっちゃって、こちらもすごい衝撃で、畳の部屋で和食のテーブルに向かい合ってすわっていたんですけど、途中で私は向こう側に行って、彼女を抱いて、「ごめんなさいね、ごめんなさいね。」って、一緒に泣いてしまいました。私もなぜそう言ったのかわかんないんですけど、彼女を抱きしめて、ただ、ひたすら「ごめんなさい」と泣いて言い続けました。そしたら、彼女がわんわん泣きながら、「あなたには何の罪もないのよ。」って。「遠いところをわざわざ来てくれて、ありがとう。」というような趣旨のことを言って、でもずっと興奮して泣いていて、しばらくお互い抱き合いながらお互いそういう状態でいて…

　私は、「でも私はあなたは私に罪がないって言って下さったけど、でも私は日本人としてやはり罪があるんですよ。」と言いました。「日本の国民の一人として、あなたにおわびしなきゃいけないんです。」というような、そういうやりとりがあって。それで少し落ちついてきたんで、また元の席に戻って、残りの文章を読み終わって。そしたら、彼女の顔付きがトゲトゲしいこわい顔が、やさしい顔になっていたんです。つきものが落ちたように、変わっていた。… そして、私の顔をもちゃんと見て、それからポツポツと自分の身の上を話し出したんですよ。

　（全文はこちら）

岡　檀

アジア女性基金業務部長
1959年生。慶応大学文学部フランス文学科卒業。任意団体において国際交流事業等に携わったのち、アジア女性基金設立と同時に入職。05年より業務部長。

　基金に入ることになった経緯を少しお話しますと、子供時代から個人的には戦争の問題に関心がありましたけど、アジア女性基金に入る前はまったく違う分野の仕事に就いていました。…ですが一方で、いつの日かき

っと、死ぬまでにというぐらいの長期スパンで考えていたんですけど、戦争と人権にかかわることを仕事として、ライフワークとしてやりたいというようなことを友人たちには話していました。…その話を聞いてくれていた人たちのひとりに、当時外務省の人事課の人がいらして、彼が覚えていてくれて、「あなたはこういう方面で仕事がしたいと言っていましたよね。政府が基金を立ち上げることになって、働く人を探していますが手を上げてみる気はありますか」という電話をしてきてくれました。

　それが始まりでした。私はもう喜んで「行きます、行きます」と。条件も何も聞かずに行きますと言って、…当時は仕事の内容としてここまで大変というのは予想していなかったですね。

　（全文はこちら）

国外で基金事業実施を助けてくれた人々

頼浩敏（ライ・ハオミン）

1939年生。台湾事業実施連絡責任者・弁護士。台湾大学卒業。63年弁護士開業。66年来日、69年東京大学大学院修士課程修了。萬国法律事務所共同経営者となる。96年よりアジア女性基金に協力。

　私はその場で承知しました。私は次のように考えました。従軍慰安婦みたいな状況があってもおかしくない。その他にも類似する被害が出ています。この慰安婦の被害は戦争によって生じた被害の一部にすぎない。それに対して一番いい適切な処理方法は、いかにして慰安婦の心身をいたわってあげるかである。生活の支援をして、人生の晩期に、よりよい暮らしをするための援助をする――それが最も適切で、非常にプラクティカルなことであると。アジア女性基金は意味のあることだと考え、人道的立場からも支持してあげるべきだと思いました。そのとき衛藤先生から、頼さん、アジア女性基金の事業を引き受けたら、かなりの圧力が加えられますよ。社会ないしは政府、各界からも非難してくるよ。そういう覚悟がありますかと聞かれたんです。私は、もちろん持っていますと答えました。正しいことと思ったら何も憚らずにやっていきます。（全文はこちら）

マルガリータ・ハマー＝ド＝モノ＝フロワドヴィーユ

オランダにおけるアジア女性基金事業実施委員会（PICN）委員長
1941年スラバヤ生まれ。日本軍のインドネシア占領中収容所で生活。戦後帰国、ライデン大学卒業。主婦であったが、94年道義的債務基金の活動に参加、理事となる。98年アジア女性基金事業実施委員会設立に参加、のち第二代委員長となる。

　私は1994年に父が死んだときに日記を見つけました。十分な補償も出さず、謝罪やお詫びの言葉も発さない日本という国に対して、父も母も相当な怒りを抱いていたようです。二人が心底怒りを抱いていたことがあったのです。父が死んだとき、私は自分に言い聞かせました。「何かをしよう。」そしてJES（道義的債務基金）のメンバー、理事の一員となりました。1994年の9月のことだったと思います。そして1998年にPICN（アジア女性基金オランダ事業実施委員会）を立ち上げるまでの間、JESの理事として働いておりました。…
　私は後にJESに参加して良かったと思いました。そうでなければ「慰安婦」の方々のために何かをしてあげられることもなかったはずですから。私はこの仕事をできたこと、そして日本人のことを理解できたことを喜びに感じています。…
　私は被害者の方々とそしてアジア女性基金のためにこうした仕事をやらせていただいたことをとてもうれしく思っています。なぜなら私はこの活動を通じて自分の両親に対しても何かができたと感じることができたからです。この仕事は私自身、私の心にとっても何か癒しにも似た安堵を与えてくれた気がします。私はもはや日本人を憎んではいないと言うことができます。それは私にとって喜ばしいことです。これも何千人といる被害者の一人の物語です。（全文はこちら）

アジア女性基金の解散とその後

2005年1月24日、アジア女性基金は事業の現状と今後について記者会見を行い、インドネシア事業が終了する2007年3月をひとつの区切りとして、基金を解散する方針を発表しました。（全文はこちら📄）

同日、細田内閣官房長官（山崎内閣官房副長官代行）の記者発表が行われました。（全文はこちら📄）

基金解散後にアフターケアを進めることは基金の大きな関心事ですが、これを担う動きも出てきました。歴史の教訓とする事業としては、デジタル記念館「慰安婦問題とアジア女性基金」を立ち上げて、残すことにいたしました。基金の活動のまとめとしては、3種類の出版物－『慰安婦問題とアジア女性基金』、『女性の人権とアジア女性基金』、『オーラルヒストリー　アジア女性基金』を出すことになりました。

基金は2007年3月6日、記者会見をおこない、村山理事長が最後のご挨拶をおこないました。挨拶の全文は以下の通りです。

アジア女性基金解散記者会見　理事長発言要旨

　財団法人女性のためのアジア平和国民基金（アジア女性基金）は、最後の事業としていたインドネシア事業を完了しましたので、2007年3月31日をもって解散することになりました。今日はみなさまにそのことを報告し、ご挨拶する機会とさせていただきます。

　アジア女性基金は、1993年8月4日の河野洋平官房長官談話に表現された慰安婦問題についての認識、そして反省とお詫びの気持ちをあらわす道として、1995年与党三党の合意にもとづいて、同年6月14日五十嵐広三官房長官によって設置が発表されました。基金の具体的な使命は、国民からの募金による償い金と政府資金による医療福祉支援を結合して、慰安婦とされた方々への国民的な償いの事業をすすめること、政府に代わって慰安婦問題についての歴史資料を整備し、歴史の教訓とすること、女性の尊厳を傷つけた過去の反省にたって、女性に対する暴力などの今日的な問題に対処する事業を援助することの三つでありました。

　慰安婦とされた方々への償い事業は、総理大臣のおわびの手紙と元慰安婦個人に対する償い金200万円および医療福祉支援をおわたしすることが基本的な形になりました。医療福祉支援はフィリピンでは120万円、韓国台湾では300万円です。最終的に、フィリピン、韓国、台湾では285人の元慰安婦を対象として事業を実施しました。オランダでは79人に対して一人あたり300万円の医療福祉支援がおこなわれました。

国民からの募金約5億6500万円は全額が償い金にあてられました。医療福祉支援には政府資金約7億5000万円が支出されました。

　インドネシアでも、同じような事業の実施を基金は想定していましたが、インドネシアでは慰安婦の認定が行われていないことから、総額3億8000万円の高齢者福祉施設を10年間かけて実施することになりました。インドネシア社会省が指導する福祉施設は全国で235ですが、そのうち69カ所に基金の支援で施設がつくられました。おおくは一般の高齢者施設ですが、最終年度に元慰安婦のための事業をしている民間団体が慰安婦とされた方々14人を入居させる施設を開設したこと、慰安婦問題にとりくんできた民間団体が計画した3つの施設をたてたことは、うれしい結果でした。

　歴史の教訓とする事業では、政府が収集し明らかにした資料を5巻本の資料集として公刊し、出版社龍溪書舎のご好意で、電子化して、ホームページにも載せることをしております。基金の終了後には、デジタル記念館「慰安婦問題とアジア女性基金」をインターネット上に立ち上げて、国立国会図書館のウェブ・アーカイブに残します。アドレスはhttp://warp.ndl.go.jp です。この国会図書館の外（そと）にもサーバを取得して、公開していくことを検討しています。このバーチャルな記念館が慰安婦問題を長く記憶し、アジアの諸国民と日本人の間の和解を促進する助けとなるように願っています。日本国民のみなさまも、諸外国のみなさまもぜひこのサイトを訪れ、「慰安婦」問題についての理解を次の世代に伝えていただければ幸いに存じます。

　女性尊厳事業は、過去の反省に立って、今日の女性の尊厳を侵害する諸問題に取り組みました。ドメスティック・バイオレンスの問題にはいち早くとりくみ、被害者支援の立場から相談に当たる人の養成・研修をいたしました。武力紛争下における女性の人権に関する研究会や人身売買の問題などに関する国際会議を行い、女性と司法の問題についても活動をすすめました。出版した刊行物も120点、84万部に達しています。

　基金の解散にあたり、私たちはこの場を借りてこれまでにお亡くなりになられた多くの元慰安婦の方々のご冥福を心よりお祈り申し上げます。また今日なお多くの元慰安婦の方々が老いと病いと消えざる記憶の重みに耐えて、生きておられます。この方々のために、アフターケアをおこなっていくことは、重要な課題です。基金としては、政府に対して、生存しておられる元慰安婦の方々が安らかに暮らして行かれるのを温かく見守っていただけるように、くれぐれもお願いするものです。

　女性の尊厳事業は、いかなる意味でも取り組みを中断すべきものではありません。基金が解散しましても、政府として、この面でのとりくみを継続してくださるようにお願いいたします。

　最後に慰安婦とされた方々のために醵金をして、国民的な償い事業を支えて下さった国民の皆様、こころのこもったメッセージをよせて下さった方々に衷心より感謝の気持ちを表します。皆様のご支持があったからこそ、私たちは12年間アジア女性基金の活動をつづけることができたのです。アジア女性基金のなしとげたことは小さなことであったかもしれませんが、国民のみなさまの深いご支援なくしては、なしえなかったことです。その意味で、みなさまの示してくださった償いの気持ちが支えであり、すべての根源でありました。この国民の気持ちが、アジアの方々に、さらに世界中の人々の心にとどまることを心より祈っております。

　ありがとうございました。

同日、記者会見に続き「感謝の会」が催され、歴代の基金役員・委員や政府関係者、拠金者、マスコミ関係者、基金職員らが集いました。

アジア女性基金の償い事業　101

2007年3月27日、アジア女性基金解散後の慰安婦問題に関する政府への申入れを行いました。基金より石原信雄副理事長、金平輝子理事、赤松良子評議員会座長が麻生太郎外務大臣を表敬し、申し入れ書を手渡しました。(全文はこちら📄)

　麻生大臣は、12年間のさまざまな困難な中での基金関係者の努力に対し、敬意と謝意を表明しました。また、基金解散後も、基金事業に体現された日本国民と政府の慰安婦問題に対する真摯な気持ちが、今後も引き継がれていくよう、努力していきたいと述べられました。
(外務省報道発表はこちら📄)

【第四室】

慰安婦問題と償い事業をめぐる国内外の論議

この部屋では、慰安婦問題とアジア女性基金をめぐる国内外でのさまざまな議論と努力について説明いたします。関連する報告書や文書をダウンロードする事ができます。

- 国連等国際機関における審議

- 「慰安婦」訴訟の経緯

- 補償に関する立法の試み

国連等国際機関における審議

　慰安婦問題に関連する文書としては、国連人権委員会で任命されたクマラスワミ特別報告者が提出した1996年1月4日の報告書付属文書「戦時軍性奴隷制問題に関する朝鮮民主主義人民共和国、大韓民国及び日本への訪問調査報告書」（全文はこちら）があります。

　報告者は、慰安婦の存在は「軍性奴隷制」の事例であるという認定の下、日本政府が国際人道法の違反につき法的責任を負っていると主張しました。もっとも、同氏は、日本政府が道義的な責任を認めたことを「歓迎すべき端緒」とし、アジア女性基金を設置したことを「日本政府の道義的配慮の表現」だと評価しています。しかし、これによって政府は「国際公法下で行われる『慰安婦』の法的請求を免れるものではない」とも強調しています。日本政府は法的責任を認め、補償を行い、資料を公開し、謝罪し、歴史教育を考え、責任者を可能な限り処罰すべきだというのが同報告書の勧告でした。国連人権委員会は、この報告書付属文書に「留意する（take note）」と決議しました。

　クマラスワミ報告の2年後、1998年6月22日、戦時における女性に対する暴力に関する特別報告者マクドゥーガル氏の報告書『奴隷制の現代的形態』が国連人権委員会差別防止・保護小委員会に提出されました。この報告は、慰安婦制度を「レイプ・センターでの性奴隷制」ととらえるものでした（全文はこちら）。

　国連差別防止・少数者保護小委員会（現、人権の促進・保護小委員会）では1997年に、「慰安婦」問題に関する日本政府およびアジア女性基金の取り組みを「肯定的措置 positive steps」であるとして評価する決議が採択されております（全文はこちら）。人権委員会や人権小委員会の委員の多くは、日本政府の対応、特にアジア女性基金の「償い事業」等は、「十分とは言えないが、問題解決に向けての一歩前進である」と一定の評価をしています。ロビンソン人権高等弁務官等も、アジア女性基金の活動に対しては、前向きに評価しています。

■国連関係
　▶人権委員会（国連人権理事会）
　▶国連人権促進保護小委員会
　▶その他

■ILOとその他の機関
　▶国際労働機関　ILO
　▶その他

「慰安婦」訴訟の経緯

　1991年を皮切りに、アジア女性基金が償い事業を行った韓国、フィリピン、台湾の元慰安婦が原告となった訴訟が次々と始まりました。いずれも東京高裁、最高裁へと進みましたが、最終的に補償の請求は退けられました。

1. アジア太平洋戦争韓国人犠牲者補償請求訴訟　1991年提訴
    訴状 1991年12月6日
    高裁判決 2003年7月22日
    最高裁判決 2004年11月29日

2. フィリピン「従軍慰安婦」国家補償請求訴訟　1993年提訴
    訴状 1993年4月2日
    高裁判決 2002年1月6日
    最高裁判決 2003年12月25日

3. 台湾元「慰安婦」損害賠償・謝罪請求訴訟　1999年提訴
    訴状 1999年7月14日
    高裁判決 2004年2月9日
    最高裁判決 2005年2月25日

上記のほか、オランダの元慰安婦、中国の元慰安婦らも提訴しています。

訴訟の権利を失うという風説

　途中、アジア女性基金の償い事業を受け入れれば日本政府に提訴する権利を失うという誤った話が流布し、多くの被害者がこれを信じていた時期がありました。
　基金がこの説を強く否定したところ、裁判を支援する団体は、「日本政府の認識を書面にして示して欲しい」と主張しました。基金はこの要求を受けて書面（全文はこちら）を団体に宛てて発出、新聞広告等にも入れて公開するなど、被害者の誤解を取り除く努力をしました。

慰安婦問題と償い事業をめぐる国内外の議論

補償に関する立法の試み

　国会においては、慰安婦問題を解決するための議員立法が数次にわたり提出されましたが、2002(平成14)年を除いては、ほとんど審議にいたらず、廃案となっています。

「戦時性的強制被害者問題の解決の促進に関する法律案」　　参議院法制局ホームページより

提出先	国会回次	法案番号	法案名	要綱	提出者	提出年月日
参議院	136	5	戦時性的強制被害者問題調査会設置法案	PDF		
参議院	147	9	戦時性的強制被害者問題の解決の促進に関する法律案	PDF	本岡昭次議員外5名	平12.04.10
参議院	149	7	戦時における性的強制に係る問題の解決の促進に関する法律案	PDF	吉川春子議員外2名	平12.07.28
参議院	150	9	戦時性的強制被害者問題の解決の促進に関する法律案	PDF	本岡昭次議員外5名	平12.10.30
参議院	150	10	戦時における性的強制に係る問題の解決の促進に関する法律案	PDF	吉川春子議員外2名	平12.10.30
参議院	150	11	戦時性的強制被害者問題の解決の促進に関する法律案	PDF	清水澄子議員外1名	平12.10.30
参議院	151	12	戦時性的強制被害者問題の解決の促進に関する法律案	PDF	本岡昭次議員外3名	平13.03.21
参議院	153	4	戦時性的強制被害者問題の解決の促進に関する法律案	PDF	円より子議員外6名	平13.11.14
参議院	156	6	戦時性的強制被害者問題の解決の促進に関する法律案	PDF	岡崎トミ子議員外11名	平15.01.31
参議院	159	23	戦時性的強制被害者問題の解決の促進に関する法律案	PDF	岡崎トミ子議員外12名	平16.06.09
参議院	161	2	戦時性的強制被害者問題の解決の促進に関する法律案	PDF	岡崎トミ子議員外8名	平16.12.01
参議院	162	1	戦時性的強制被害者問題の解決の促進に関する法律案	PDF	岡崎トミ子議員外8名	平17.02.28
参議院	164	7	戦時性的強制被害者問題の解決の促進に関する法律案	PDF	岡崎トミ子議員外7名	平18.03.29

「国立国会図書館法の一部を改正する法律案(恒久平和調査局設置法案)」衆議院法制局ホームページより

提出先	提出回次	番号	議案件名	審議状況	提出者	議案受理年月日
衆議院	145	38	国立国会図書館法の一部を改正する法律案(恒久平和調査局設置法案)	閉会中審査	鳩山由紀夫君外二名	平11.08.10.
衆議院	150	18	国立国会図書館法の一部を改正する法律案(恒久平和調査局設置法案)	閉会中審査	鳩山由紀夫君外五名	平12.11.20.
衆議院	159	51	国立国会図書館法の一部を改正する法律案(恒久平和調査局設置法案)	閉会中審査	鳩山由紀夫君外五名	平16.06.09.
衆議院	164	27	国立国会図書館法の一部を改正する法律案(恒久平和調査局設置法案)	閉会中審査	鳩山由紀夫君外五名	平18.05.23.

2002(平成14)年7月23日、戦時性的強制被害者問題の解決の促進に関する法律案が参議院内閣委員会で審議され、提案者に対する質疑応答が行われました。(議事録はこちら)

2002(平成14)年12月12日、戦時性的強制被害者問題解決促進法案の審議が参議院内閣委員会でおこなわれ、横田洋三氏(中央大学法科大学院教授、基金運営審議会委員)と戸塚悦朗氏(神戸大学大学院助教授)が参考人として陳述しました。(議事録はこちら)

【第五室】

アジア女性基金の女性尊厳事業

この部屋では、アジア女性基金の第二の課題である女性の尊厳事業について説明します。女性の尊厳事業は過去の過ちに対する反省に立脚して、女性の尊厳を傷つける現代世界のさまざまな問題にとりくむものです。

アジア女性基金が、「慰安婦」にされた方々に対する「償い事業」と同時に、現代の女性の人権問題に取り組むようになりましたのは、1991年に韓国の金学順さんが、1992年にフィリピンのロサ・ヘンソンさんが、かつて「慰安婦」であったと名乗り出られたことが大きなきっかけでした。

お二人の声に私達が大きな衝撃を受けたまさにその翌年には、旧ユーゴスラビアにおける武力紛争下で、民族浄化の手段として集団レイプや強制妊娠が行われ世界を驚かせました。「慰安婦」とされた方々が体験したと同じ性的暴力が、新たな形で私たちの目の前で起こったのです。1993年の国連世界人権会議でも、1995年の第4回国連世界女性会議でも、「女性に対する暴力」の問題が大きく取り上げられたのは当然でした。

日本政府は、こうした世界的な流れを受け止め、過去の反省に立って、今日の女性の尊厳に関わる問題に積

アジア女性基金の女性尊厳事業　107

極的に取り組むことをアジア女性基金の課題として委ねました。そして、アジア女性基金は、これまで10年間にわたり、国民と日本政府とともに、「女性の人権」に関する事業を実施してまいりました。(アジア女性基金シンポジウムにて、村山富市理事長挨拶より抜粋)

女性尊厳事業 趣旨と効果－関係者による座談会

人が生きる権利や社会に参加する権利には、性による違いがあってはなりません。それにもかかわらず、女性の人権に対する社会の認識は依然として低く、武力紛争下での女性の人権侵害、性犯罪、人身取引、セクシャル・ハラスメント(性的いやがらせ)、ドメスティック・バイオレンスなど、「女性に対する暴力」は、地域・国を問わず、絶えず発生しています。「女性尊厳事業」は、女性の人権や尊厳に対する社会の認知を高め、女性の人権を著しく侵害する暴力や虐待などの被害を未然に防止し、女性も男性も平和で自由に生きることのできる社会をめざす事業です。

＜座談会参加メンバー＞
「女性尊厳事業」の趣旨と成果について、主にこの事業に携わってこられた方々による座談会を開きました。

有馬真喜子	アジア女性基金理事、ジャーナリスト、前国連「婦人の地位委員会」日本代表
橋本ヒロ子	十文字学園女子大学教授、前アジア女性基金運営審議会委員、元国連アジア太平洋経済社会委員会(ESCAP)委員
林　陽子	弁護士、前アジア女性基金運営審議会委員、国連人権促進保護小委員会委員
松田　瑞穂	前アジア女性基金業務部長
和田　春樹	アジア女性基金専務理事・事務局長、東京大学名誉教授
渡邊　千尋	アジア女性基金職員

(座談会資料ダウンロードはこちらから)

事業内容－啓発／支援／交流／調査研究

女性尊厳事業
Women's Dignity Project

身近に起きている暴力

私たちの身近なところでも、女性や子どもたちが暴力にあっています。アジア女性基金では、DVや性虐待など身近なところで起きている暴力を見過ごすことのないよう積極的に取り組みました。

ダウンロードはこちら

女性と司法

近年、日本をはじめ多くの国において、司法における女性の尊厳と人権を守る試みが始まっています。アジア女性基金はこの動きを踏まえ「女性と司法」をテーマに国際専門家会議を開催してきました。

ダウンロードはこちら

武力紛争下における女性の人権

アジア女性基金は、元「慰安婦」の方々に対する償いを行う目的で設立された団体です。その経緯をふまえ、武力紛争下における女性の人権侵害は早くから取り組んだテーマでした。

ダウンロードはこちら

NGO支援事業

アジア女性基金は、女性の人権に関する今日的問題に取り組む民間非営利団体（NGOやNPO）の活動を支援してきました。

ダウンロードはこちら

インド・ニューデリーで第7回犯罪及び刑事司法に関する世界会議を共催（2000年11月）

1993年ウィーンで開催された国連世界人権会議

調査・研究報告書類

（アジア女性基金の女性尊厳事業刊行物資料はこちら）
（援助者育成のためのワークショップ資料：ダウンロードはこちら）
（国際会議・シンポジウム資料：ダウンロードはこちら）
（法律等関係資料：ダウンロードはこちら）

アジア女性基金の女性尊厳事業

デジタル記念館
慰安婦問題とアジア女性基金

| 日本軍の慰安所と慰安婦 | 日本政府の対応とアジア女性基金の設立 | アジア女性基金の償い事業 | 慰安婦問題と償い事業をめぐる国内外の論議 | アジア女性基金の女性尊厳事業 | 文書庫 |

Digital Museum : The "Comfort Women" Issue and the Asian Women's Fund

【文書庫】

文書庫

この部屋には、慰安婦問題とアジア女性基金にかかわる文書、資料、刊行物が集められています。

■ 慰安婦関連歴史資料

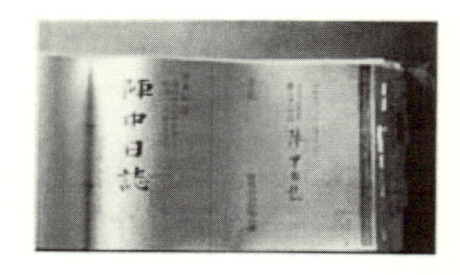

■ 基金事業関連資料

▶ 日本政府 およびアジア女性基金の文書
▶ アジア女性基金の理事会議事録および資料
▶ アジア女性基金が制作した出版物やビデオ

なお基金の全資料（理事会・運営審議会・評議員会・議事録・募金関係・各国事業関係資料など）は、外務省に移管し、保存されています。

慰安婦関連歴史資料

■政府調査「従軍慰安婦」関係文書資料

　日本政府は、いわゆる従軍慰安婦問題についての本格的調査を行い、1992年7月6日、93年8月4日にそれぞれ調査結果を発表しました。調査対象は国外に広げられました。その後の発見を含め、各省庁や米国国立公文書館などから260件をこえる資料が発見され、公表されました。基金では、この問題を歴史の教訓として長く記憶にとどめるため、公表されたこれらの資料の復刻版を編集し、『政府調査「従軍慰安婦」関係資料集成』（全5巻、龍溪書舎出版）として刊行しました。龍溪書舎の御好意で、これらの文書庫に公表することができました。（ダウンロードはこちら▶PDF🗐 ▶PDF🗐 ▶PDF🗐 ▶PDF🗐 ▶PDF🗐）

　この版権は龍溪書舎に属しますので、許可を得ず複製をつくることは許されません。

「慰安婦」問題関連の歴史資料

日本政府およびアジア女性基金の文書

いわゆる「慰安婦」問題とアジア女性基金にかかわる、日本政府の談話や公文書、アジア女性基金の発表文書などを収めています。

- 朝鮮半島出身者のいわゆる従軍慰安婦問題に関する加藤紘一内閣官房長官発表
  1992（平成4）年7月6日

- 慰安婦問題に関する河野洋平内閣官房長官談話
  1993（平成5）年8月4日

- いわゆる従軍慰安婦問題について
  1993（平成5）年8月4日（内閣官房外政審議室）

- 戦後50年に向けての村山富市内閣総理大臣の談話
  1994（平成6）年8月31日（戦後50年を明年に控えて）

- 与党戦後50年問題プロジェクト従軍慰安婦問題等小委員会第一次報告
  1994（平成6）年12月7日

- 歴史を教訓に平和への決意を新たにする決議
  1995（平成7）年6月9日（衆議院本会議）

- 「基金」構想と事業に関する五十嵐広三内閣官房長官の発表
  1995（平成7）年6月14日

- アジア女性基金設立にあたっての国民への呼びかけ
  1995（平成7）年7月18日 発表、8月15日全国紙広告

- アジア女性基金設立にあたっての内閣総理大臣のあいさつ
  1995（平成7）年7月18日 発表、8月15日全国紙広告

- アジア女性基金の行う事業についての閣議了解
  1995（平成7）年8月11日

- 戦後50年村山富市内閣総理大臣談話
  1995（平成7）年8月15日（戦後50周年を迎え）

- 第4回世界女性会議における野坂浩賢首席代表演説
  1995（平成7）年9月

- 元慰安婦の方々への内閣総理大臣のおわびの手紙
  1996(平成8)年8月橋本龍太郎総理署名、以後歴代内閣総理大臣署名　　韓国語

- 元慰安婦の方々へのアジア女性基金理事長の手紙
  1996(平成8)年8月原文兵衛理事長署名、のち村山理事長も署名

- フィリピンにおける事業開始に関する新聞広告文
  1996(平成8)年8月13日

- アジア女性基金事業に関する日本政府の法的立場
  1996(平成8)年10月(理事長通牒)

- 韓国における事業開始に関する金平輝子訪韓団長の「お知らせ」
  1997(平成9)年1月11日

- フィリピンにおける医療福祉支援事業実施に関するフィリピン政府と交わした覚書
  1997(平成9)年1月15日

- インドネシアにおける事業実施に関するインドネシア政府と交わした覚書
  1997(平成9)年3月25日

- 台湾における事業開始に関する新聞広告文
  1997(平成9)年5月

- 韓国における事業実施に関する新聞広告文
  1998(平成10)年2月6日

- 原文兵衛アジア女性基金理事長より金大中韓国大統領への書簡
  1998(平成10)年6月11日

- 橋本内閣総理大臣がオランダ国コック首相に送った手紙
  1998(平成10)年7月15日

- オランダにおける事業実施に関するオランダ事業実施委員会と交わした覚書
  1998(平成10)年7月15日

- アジア女性基金設立5周年活動報告
  2000(平成12)年9月1日(村山理事長就任記者会見配布資料)

- 村山富市理事長就任にあたり中川秀直内閣官房長官記者会見発言要旨
  2000(平成12)年9月1日(村山理事長就任にあたって)

- オランダにおける事業評価最終報告
  2001（平成13）年7月13日

- 韓国における事業終了に関する石原信雄副理事長の発表
  2002（平成14）年2月20日

- フィリピン政府社会福祉開発省による医療福祉支援事業に関する報告書
  2002（平成14）年3月

- 募金への御礼—アジア女性基金の償い事業にご協力下さったみなさまへ
  2002（平成14）年10月

- いわゆる従軍慰安婦問題に対する日本政府の施策
  2003（平成15）年1月

- アジア女性基金の2007年解散方針に関する村山富市理事長の発表文
  2005（平成17）年1月24日

- アジア女性基金の2007年解散方針発表に関する内閣官房長官記者発表
  2005（平成17）年1月24日

- 戦後60年にあたり内閣総理大臣談話
  2005（平成17）年8月15日

- アジア女性基金活動報告
  2006（平成18）年11月19日

- インドネシア社会省によるインドネシア事業最終報告書
  2007（平成19）年1月

- アジア女性基金解散記者会見における村山富市理事長の発言要旨
  2007（平成19）年3月6日

- アジア女性基金の外務大臣への申し入れ書
  2007（平成19）年3月27日

日本政府およびアジア女性基金の文書

朝鮮半島出身者のいわゆる従軍慰安婦問題に関する内閣官房長官発表

1992（平成4）年7月6日
内閣官房長官　加藤紘一

　朝鮮半島出身のいわゆる従軍慰安婦問題については、昨年12月より関係資料が保管されている可能性のある省庁において政府が同問題に関与していたかどうかについて調査を行ってきたところであるが、今般、その調査結果がまとまったので発表することとした。調査結果について配布してあるとおりであるが、私から要点をかいつまんで申し上げると、慰安所の設置、慰安婦の募集に当たる者の取締り、慰安施設の築造・増強、慰安所の経営・監督、慰安所・慰安婦の衛生管理、慰安所関係者への身分証明書等の発給等につき、政府の関与があったことが認められたということである。調査の具体的内容については、報告書に各資料の概要をまとめてあるので、それをお読み頂きたい。なお、詳しいことは後で内閣外政審議室から説明させるので、何か内容について御質問があれば、そこでお聞きいただきたい。
　政府としては、国籍、出身地の如何を問わず、いわゆる従軍慰安婦として筆舌に尽くし難い辛苦をなめられた全ての方々に対し、改めて衷心よりお詫びと反省の気持ちを申し上げたい。また、このような過ちを決して繰り返してはならないという深い反省と決意の下に立って、平和国家としての立場を堅持するとともに、未来に向けて新しい日韓関係及びその他のアジア諸国、地域との関係を構築すべく努力していきたい。
　この問題については、いろいろな方々のお話を聞くにつけ、誠に心の痛む思いがする。このような辛酸をなめられた方々に対し、我々の気持ちをいかなる形で表すことができるのか、各方面の意見も聞きながら、誠意をもって検討していきたいと考えている。

慰安婦関係調査結果発表に関する内閣官房長官談話

1993(平成5)年8月4日
内閣官房長官 河野 洋平

　いわゆる従軍慰安婦問題については、政府は、一昨年12月より、調査を進めて来たが、今般その結果がまとまったので発表することとした。
　今次調査の結果、長期に、かつ広範な地域にわたって慰安所が設置され、数多くの慰安婦が存在したことが認められた。慰安所は、当時の軍当局の要請により設営されたものであり、慰安所の設置、管理及び慰安婦の移送については、旧日本軍が直接あるいは間接にこれに関与した。慰安婦の募集については、軍の要請を受けた業者が主としてこれに当たったが、その場合も、甘言、強圧による等、本人たちの意思に反して集められた事例が数多くあり、更に、官憲等が直接これに加担したこともあったことが明らかになった。また、慰安所における生活は、強制的な状況の下での痛ましいものであった。
　なお、戦地に移送された慰安婦の出身地については、日本を別とすれば、朝鮮半島が大きな比重を占めていたが、当時の朝鮮半島はわが国の統治下にあり、その募集、移送、管理等も、甘言、強圧による等、総じて本人たちの意思に反して行われた。
　いずれにしても、本件は、当時の軍の関与の下に、多数の女性の名誉と尊厳を深く傷つけた問題である。政府は、この機会に、改めて、その出身地のいかんを問わず、いわゆる従軍慰安婦として数多くの苦痛を経験され、心身にわたり癒しがたい傷を負われたすべての方々に対し心からお詫びと反省の気持ちを申し上げる。また、そのような気持ちを我が国としてどのように表すかということについては、有識者のご意見なども徴しつつ、今後とも真剣に検討すべきものと考える。
　われわれはこのような歴史の真実を回避することなく、むしろこれを歴史の教訓として直視していきたい。われわれは、歴史研究、歴史教育を通じて、このような問題を永く記憶にとどめ、同じ過ちを決して繰り返さないという固い決意を改めて表明する。
　なお、本問題については、本邦において訴訟が提起されており、また、国際的にも関心が寄せられており、政府としても、今後とも、民間の研究を含め、十分に関心を払って参りたい。

いわゆる従軍慰安婦問題について

1993(平成5)年8月4日
内閣官房外政審議室

1．調査の経緯
　いわゆる従軍慰安婦問題については、当事者によるわが国における訴訟の提起、我が国国会における議論等を通じ、内外の注目を集めてきた。また、この問題は、昨年1月の宮澤総理の訪韓の際、盧泰愚大統領（当時）との会談においても取り上げられ、韓国側より、実態の解明につき強い要請が寄せられた。この他、他の関係諸国、地域からも本問題について強い関心が表明されている。
　このような状況の下、政府は、平成3年12月より、関係資料の調査を進めるかたわら、元軍人等関係者から幅広く聞き取り調査を行うとともに、去る7月26日から30日までの5日間、韓国ソウルにおいて、太平洋戦争犠牲者遺族会の協力も得て元従軍慰安婦の人たちから当時の状況を詳細に聴取した。また、調査の過程において、米国に担当官を派遣し、米国の公文書につき調査した他、沖縄においても、現地調査を行った。調査の具体的態様は以下の通りであり、調査の結果発見された資料の概要は別途の通りである。

▽調査対象機関
　警察庁、防衛庁、法務省、外務省、文部省、厚生省、労働省、国立公文書館、国立国会図書館、米国国立公文書館

▽関係者からの聞き取り
　元従軍慰安婦、元軍人、元朝鮮総督府関係者、元慰安所経営者、慰安所付近の居住者、歴史研究家等

▽参考として国内外の文書及び出版物
　韓国政府が作成した調査報告書、韓国挺身隊問題対策協議会、太平洋戦争犠牲者遺族会など関係団体等が作成した元慰安婦の証言集等。なお、本問題についての本邦における出版物は数多いがそのほぼすべてを渉猟した。

　本問題については、政府は、すでに昨年7月6日、それまでの調査の結果について発表したところであるが、その後の調査もふまえ、本問題についてとりまとめたところを以下のとおり発表することとした。

2．いわゆる従軍慰安婦問題の実態について
　上記の資料調査及び関係者からの聞き取りの結果、並びに参考にした各種資料を総合的に分析、検討した結果、以下の点が明らかになった。

(1) 慰安所設置の経緯
　各地における慰安所の開設は当時の軍当局の要請によるものであるが、当時の政府部内資料によれば、旧日本軍占領地内において日本軍人が住民に対し強姦等の不法な行為を行い、その結果反日感情が醸成されることを防止する必要性があったこと、性病等の病気による兵力低下を防ぐ必要があったこと、防諜の必要があったことなどが慰安所設置の理由とされている。

(2) 慰安所が設置された時期
　昭和7年にいわゆる上海事変が勃発したころ同地の駐屯部隊のために慰安所が設置された旨の資料があり、そのころから終戦まで慰安所が存在していたものとみられるが、その規模、地域的範囲は戦争の拡大とともに広がりをみせた。

(3) 慰安所が存在していた地域
　今次調査の結果慰安所の存在が確認できた国又は地域は、日本、中国、フィリピン、インドネシア、マラヤ（当時）、タイ、ビルマ（当時）、ニューギニア（当時）、香港、マカオ及び仏領インドシナ（当時）である。

(4) 慰安婦の総数
　発見された資料には慰安婦の総数を示すものはなく、また、これを推認させるに足る資料もないので、慰安婦総数を確定するのは困難である。しかし、上記のように、長期に、かつ、広範な地域にわたって慰安所が設置され、数多くの慰安婦が存在したものと認められる。

(5) 慰安婦の出身地
　今次調査の結果慰安婦の出身地として確認できた国又は地域は、日本、朝鮮半島、中国、台湾、フィリピン、インドネシア及びオランダである。なお、戦地に移送された慰安婦の出身地としては、朝鮮半島者が多い。

(6) 慰安所の経営及び管理
　慰安所の多くは民間業者により経営されていたが、一部地域においては、旧日本軍が直接慰安所を経営したケースもあった。民間業者が経営していた場合においても、旧日本軍がその開設に許可を与えたり、慰安所の施設を整備したり、慰安所の利用時間、利用料金や利用に際しての注意事項などを定めた慰安所規定を作成するなど、旧日本軍は慰安所の設置や管理に直接関与した。
　慰安婦の管理については、旧日本軍は、慰安婦や慰安所の衛生管理のために、慰安所規定を設けて利用者に避妊具使用を義務付けたり、軍医が定期的に慰安婦の性病等の病気の検査を行う等の措置をとった。慰安婦に対して外出の時間や場所を限定するなどの慰安所規定を設けて管理していたところもあった。いずれにせよ、慰安婦たちは戦地においては常時軍の管理下において軍と共に行動させられており、自由もない、痛ましい生活を強いられていたことは明らかである。

(7) 慰安婦の募集
　慰安婦の募集については、軍当局の要請を受けた経営者の依頼により斡旋業者らがこれに当たることが多かったが、その場合も戦争の拡大とともにその人員の確保の必要性が高まり、そのような状況の下で、業者らが或いは甘言を弄し、或いは畏怖させる等の形で本人たちの意向に反して集めるケースが数多く、更に、官憲等が直接これに加担する等のケースもみられた。

(8) 慰安婦の輸送等
　慰安婦の輸送に関しては、業者が慰安婦等の婦女子を船舶等で輸送するに際し、旧日本軍は彼らを特別に軍属に準じた扱いにするなどしてその渡航申請に許可を与え、また日本政府は身分証明書等の発給を行うなどした。また、軍の船舶や車輌によって戦地に運ばれたケースも少なからずあった他、敗走という混乱した状況下で現地に置き去りにされた事例もあった。

戦後50年に向けての村山富市内閣総理大臣の談話

1994（平成6）年8月31日
内閣総理大臣 村山 富市

　明年は、戦後50周年に当たります。私は、この年を控えて、先に韓国を訪問し、またこの度東南アジア諸国を歴訪しました。これを機に、この重要な節目の年を真に意義あるものとするため、現在、政府がどのような対外的な取組みを進めているかについて基本的考え方を述べたいと思います。

1. 我が国が過去の一時期に行った行為は、国民に多くの犠牲をもたらしたばかりでなく、アジアの近隣諸国等の人々に、いまなお癒しがたい傷痕を残しています。私は、我が国の侵略行為や植民地支配などが多くの人々に耐え難い苦しみと悲しみをもたらしたことに対し、深い反省の気持ちに立って、不戦の決意の下、世界平和の創造に向かって力を尽くしていくことが、これからの日本の歩むべき進路であると考えます。
　　我が国は、アジアの近隣諸国等との関係の歴史を直視しなければなりません。日本国民と近隣諸国民が手を携えてアジア・太平洋の未来をひらくには、お互いの痛みを克服して構築される相互理解と相互信頼という不動の土台が不可欠です。
　　戦後50周年という節目の年を明年に控え、このような認識を揺るぎなきものとして、平和への努力を倍加する必要があると思います。

2. このような観点から、私は、戦後50周年に当たる明年より、次の二本柱から成る「平和友好交流計画」を発足させたいと思います。
　　第1は、過去の歴史を直視するため、歴史図書・資料の収集、研究者に対する支援等を行う歴史研究支援事業です。
　　第2は、知的交流や青少年交流などを通じて各界各層における対話と相互理解を促進する交流事業です。
　　その他、本計画の趣旨にかんがみ適当と思われる事業についてもこれを対象としたいと考えています。
　　また、この計画の中で、かねてからその必要性が指摘されているアジア歴史資料センターの設立についても検討していきたいと思います。
　　なお、本計画の対象地域は、我が国による過去の行為が人々に今なお大きな傷痕を残しているアジアの近隣諸国等を中心に、その他、本計画の趣旨にかんがみふさわしい地域を含めるものとします。
　　この計画の下で、今後10年間で1000億円相当の事業を新たに展開していくこととし、具体的な事業については、明年度から実施できるよう、現在、政府部内で準備中であります。

3. いわゆる従軍慰安婦問題は、女性の名誉と尊厳を深く傷つけた問題であり、私はこの機会に、改めて、心から深い反省とお詫びの気持ちを申し上げたいと思います。
　　我が国としては、このような問題も含め、過去の歴史を直視し、正しくこれを後世に伝

えるとともに、関係諸国等との相互理解の一層の増進に努めることが、我が国のお詫びと反省の気持ちを表すことになると考えており、本計画は、このような気持ちを踏まえたものであります。
　なお、以上の政府の計画とあいまって、この気持ちを国民の皆様にも分かち合っていただくため、幅広い国民参加の道をともに探求していきたいと考えます

4. また、政府としては、女性の地域向上や女性の福祉等の分野における国際協力の重要性を深く認識するものであります。
　私は、かねてから、女性の人権問題や福祉問題に強い関心を抱いております。明年、北京において、女性の地域向上について検討し、21世紀に向けての新たな行動の指針作りを目指した「第4回世界婦人会議」が開催されます。このようなことも踏まえ、政府は、今後、特にアジアの近隣諸国等に対し、例えば、女性の職業訓練のためのセンター等女性の地位向上や女性の福祉等の分野における経済協力を一層重視し、実施してまいります。

5. さらに、政府は、「平和友好交流計画」を基本に据えつつ、次のような問題にも誠意を持って対応してまいります。
　その一つは、在サハリン「韓国人」永住帰国問題です。これは人道上の観点からも放置できないものとなっており、韓国、ロシア両政府と十分協議の上、速やかに我が国の支援策を決定し、逐次実施していく所存です。
　もう一つは、台湾住民に対する未払給与や軍事郵便貯金等、長い間未解決であった、いわゆる確定債務問題です。債権者の高齢化が著しく進んでいること等もあり、この際、早急に我が国の確定債務の支払いを履行すべく、政府として解決を図りたいと思います。

6. 戦後も、はや半世紀、戦争を体験しない世代の人々がはるかに多数を占める時代となりました。しかし、二度と戦争の惨禍を繰り返さないためには、戦争を忘れないことが大切です。平和で豊かな今日においてこそ、過去の過ちから目をそむけることなく、次の世代に戦争の悲惨さと、そこに幾多の尊い犠牲があったことを語り継ぎ、常に恒久平和に向けて努力していかなければなりません。それは、政治や行政が国民一人一人とともに自らに課すべき責務であると、私は信じております。

与党戦後50年問題プロジェクト従軍慰安婦問題等小委員会　第一次報告

1994（平成6）年12月7日
与党戦後50年問題プロジェクト
従軍慰安婦問題等小委員会

1．いわゆる従軍慰安婦問題への取組み
　政府は、いわゆる従軍慰安婦問題に対する調査の結果、かつて数多くの慰安婦が存在したことを認めることとなった。
　その実態は、慰安所が当時の軍当局の要請により設置されたものであり、慰安所の設置、管理及び慰安婦の移送については、旧日本軍が直接あるいは間接に関与したものである。慰安婦の募集については、軍の要請を受けた業者が主としてこれに当たったが、その場合も、甘言、強圧による等本人の意思に反して集められた事例が数多くあり、さらに、官憲等が直接これに加担したこともあったことが明らかになった。また、慰安所における生活は、強制的な状況の下で非常に痛ましいものがあり、いずれにしても、多数の女性の名誉と尊厳を深く傷つけることとなったわけである。
　したがって、政府及び与党としては、戦後50年を機会に、改めて、数々の苦痛を経験され、心身にわたり癒しがたい傷を負われた女性に対し、この際、心からお詫びと反省の気持ちを表す必要がある。
　私たちは、こうした我が国及び国民の過去の歴史を直視し、道義を重んずる国としての責任を果たすことによって、今後こうした行為がなくなるようにしたい。

2．なぜ、幅広い国民参加の道を求めるのか
　いわゆる従軍慰安婦問題を含め、先の大戦にかかわる賠償、財産・請求権の問題については、日本政府としては、サン・フランシスコ平和条約、二国間の平和条約及びその他の関連する条約等に従って、国際法上も外交上も誠実に対応してきている。
　しかし、本問題は、戦後50年を機会に、今日までの経緯と現実にかんがみ、我が国としては、道義的立場から、その責任を果たさなければならない。そのため、こうした気持ちを国民ひとりひとりにも、ご理解いただき、分かち合っていただくために幅広い国民参加の道を求めていこうということなのである。

3．国民参加の道について
(1)目的・事業
　いわゆる従軍慰安婦の問題について、これら元慰安婦の人たちに対してお詫びと反省の気持ちから国民的な償いをあらわすことは、元慰安婦の人たちの傷つけられた名誉を回復するだけではなく、女性を尊重する強い意思を国の内外に表すことに通じる重要な行為である。
　また、女性の名誉と尊厳にかかわる問題は今日でも世界各地において存在している。私たち国民としては、このような問題に関心を持って、これらの問題が世界中からなくなることに努力することが、大切なことである。
　以上の考え方に基づき、以下の措置を探るものとする。
1.上記目的のために、国民参加のもとでの「基金」について検討する。
2.上記の「基金」は、元従軍慰安婦として、耐え難い辛酸をなめた女性を対象とした措置を行う。

3.同じく、女性の名誉と尊厳に関わる問題の解決に向けた活動への支援など諸事業も行う。

(2) 組織・運営
　関係者等の意見の反映などにも配慮するものとする。

(3) 実施方法
　関係国及び関係者の理解と協力を求め、かつ、プライバシー保護の見地等を踏まえるものとする。

(4) その他
　「基金」は、公益性の高い既存の組織に協力を求めるなど早急にその具体化を図る。

4．政府の役割
　政府としては、先の総理談話等によって明らかにされた本問題への姿勢を示す意味において、「基金」に対し、拠出を含め可能な限り協力を行うべきものとする。
　なお、国として深いお詫びと反省の気持ちをいかに表すべきかについて、検討するものとする。

(注)政権与党は、自由民主党、日本社会党、新党さきがけの各党。

歴史を教訓に平和への決意を新たにする決議

1995(平成7)年6月9日
衆議院本会議

　本院は、戦後50年にあたり、全世界の戦没者及び戦争等による犠牲者に対し、追悼の誠を捧げる。
　また、世界の近代史上における数々の植民地支配や侵略的行為に思いをいたし、我が国が過去に行ったこうした行為や他国民とくにアジアの諸国民に与えた苦痛を認識し、深い反省の念を表明する。
　我々は、過去の戦争についての歴史観の相違を超え、歴史の教訓を謙虚に学び、平和な国際社会を築いていかなければならない。
　本院は、日本国憲法の掲げる恒久平和の理念の下、世界の国々と手を携えて、人類共生の未来を切り開く決意をここに表明する。
　右決議する。

「基金」構想と事業に関する五十嵐広三内閣官房長官の発表

1995（平成7）年6月14日
内閣官房長官　五十嵐　広三

　戦後50年にあたり、私どもは、我が国の過去において、アジアなど内外の人々に耐え難い苦しみと悲しみをもたらしたことを、改めて深く反省するところであります。
　とりわけ、従軍慰安婦問題は、多くの女性に癒しがたい苦痛をあたえ、女性の名誉と尊厳を深く傷つけたものであり、私はこの機会に心からお詫びを申し上げる次第であります。
　政府は、平成6年の村山総理の談話、与党戦後50年問題プロジェクトの第一次報告に基づき、また、6月9日の衆議院本会議における「歴史を教訓に平和への決意を新たにする決議」の意をたいして、国民の参加と政府の責任のもと、深い償いと反省の気持をこめて「女性のためのアジア平和友好基金」事業を行うことと致しました。
　また、女性の名誉と尊厳にかかわる問題は、現在でも世界各地において存在していることから、このさい、それらの今日的課題についてもこの基金によって積極的な支援を行いたいと思います。

　平成6年8月の村山総理の談話を受け、また与党戦後50年問題プロジェクトの協議に基づき、政府において検討の結果、戦後50年にあたり過去の反省に立って「女性のためのアジア平和友好基金」による事業を次の通り行うものとする。

記

1.　元従軍慰安婦の方々のため国民、政府協力のもとに次のことを行う。
　（1）元従軍慰安婦の方々への国民的な償いを行うための資金を民間から基金が募金する。
　（2）元従軍慰安婦の方々に対する医療、福祉などお役に立つような事業を行うものに対し、政府の資金等により基金が支援する。
　（3）この事業を実施する折、政府は元従軍慰安婦の方々に、国としての率直な反省とお詫びの気持ちを表明する。
　（4）また、政府は、過去の従軍慰安婦の歴史資料を整えて、歴史の教訓とする。

2.　女性の名誉と尊厳に関わる事業として、前記1.(2)にあわせ、女性に対する暴力など今日的な問題に対応するための事業を行うものに対し、政府の資金等により基金が支援する。

3.　「女性のためのアジア平和友好基金」事業に広く国民のご協力を願う「呼びかけ人」として、これまでご賛同を得た方々は次の通りである。

「女性のためのアジア平和友好基金」（仮称）
（呼びかけ人リスト）（敬称略、五十音順）

赤松　良子　　元文部大臣
芦田 甚之助　　日本労働組合総連合会会長
衛藤　瀋吉　　東京大学名誉教授
大来　寿子　　大来元外相夫人
大鷹　淑子　　元参議院議員
大沼　保昭　　東京大学教授
岡本　行夫　　国際コンサルタント
下村　満子　　朝日新聞元編集委員
鈴木　健二　　熊本県立劇場館長
須之部 量三　　元駐韓国大使
高橋　祥起　　政治評論家、徳島文理大教授
野中　邦子　　弁護士、全国人権擁護委員連合会婦人問題委員長
三木　睦子
宮城 まり子　　女優、ねむの木学園園長
宮崎　勇　　　大和総研理事長
和田　春樹　　東京大学教授
　（注）発表当時の呼びかけ人リスト。

アジア女性基金設立にあたっての国民への呼びかけ

1995（平成7）年7月18日
（8月15日全国紙広告）

　戦争が終わってから、50年の歳月が流れました。
　この戦争は、日本国民にも諸外国、とくにアジア諸国の人々にも、甚大な惨禍をもたらしました。なかでも、十代の少女までも含む多くの女性を強制的に「慰安婦」として軍に従わせたことは、女性の根源的な尊厳を踏みにじる残酷な行為でした。こうした女性の方々が心身に負った深い傷は、いかに私たちがお詫わびしても癒すことができるものではないでしょう。
　しかし、私たちは、なんとか彼女たちの痛みを受け止め、その苦しみが少しでも緩和されるよう、最大限の力を尽くしたい、そう思います。これは、これらの方々に耐え難い犠牲を強いた日本が、どうしても今日はたさなければならない義務だと信じます。

　政府は遅ればせながら、1993年8年4日の内閣官房長官談話と1994年8年31日の内閣総理大臣の談話で、これらの犠牲者の方々に深い反省とお詫びの気持ちを表わしました。そしてこの6月14日に、その具体的行動を発表しました。
　(1)「慰安婦」制度の犠牲者への国民的な償いのための基金設置への支援、(2)彼女たちの医療、福祉への政府の拠金、(3)政府による反省とお詫びの表明、(4)本問題を歴史の教訓とするための歴史資料整備、というのがその柱です。基金は、これらの方々への償いを示すため、国民のみなさまから拠金を受けて彼女たちにこれをお届けすると共に、女性への暴力の廃絶など今日的な問題への支援も行うものです。私たちは、政府による謝罪と共に、全国民規模の拠金による「慰安婦」制度の犠牲者への償いが今どうしても必要だ、という信念の下にこの基金の呼びかけ人となりました。
　呼びかけ人の中には、政府による補償がどうしても必要だ、いやそれには法的にも実際的にも多くの障害があり早急な実現は困難だなど、意見のちがいもあります。しかし、私たちは次の一点ですべて一致しております。
　それは、すでに年老いた犠牲者の方々への償いに残された時間はない、一刻も早く行動を起こさなければならない、という気持ちです。
　私たちは、「慰安婦」制度の犠牲者の名誉と尊厳の回復のために、歴史の事実の解明に全力を尽くし、心のこもった謝罪をするよう、政府に強く求めてまいります。同時に、彼女たちの福祉と医療に十分な予算を組み、誠実に実施するよう、監視の目を光らせるつもりです。さらに、日本や世界にまだ残る女性の尊厳の侵害を防止する政策を積極的にとるよう、求めてまいります。
　しかし、なによりも大切なのは、一人でも多くの日本国民が犠牲者の方々の苦悩を受け止め、心からの償いの気持ちを示すことではないでしょうか。戦時中から今日まで50年以上に及ぶ彼女たちの屈辱と苦痛は、とうてい償いきれるものではないでしょう。それでも、私たち日本国民の一人一人がそれを理解しようと努め、それに基づいた具体的な償いの行動をと

文書庫

り、そうした心が彼女たちに届けば、癒し難い苦痛をやわらげるのに少しは役立ってくれる、私たちはそう信じております。

　「従軍慰安婦」をつくりだしたのは過去の日本の国家です。しかし、日本という国は決して政府だけのものでなく、国民の一人一人が過去を引き継ぎ、現在を生き、未来を創っていくものでしょう。戦後50年という時期に全国民的な償いをはたすことは、現在を生きる私たち自身の、犠牲者の方々への、国際社会への、そして将来の世代への責任であると信じます。

　この国民基金を通して、一人でも多くの日本の方々が償いの気持ちを示してくださるよう、切に参加と協力をお願い申し上げる次第です。

1995年7月18日

「女性のためのアジア平和国民基金」呼びかけ人

赤松　良子	元文部大臣
芦田　甚之助	日本労働組合総連合会会長
衛藤　瀋吉	東京大学名誉教授
大来　寿子	大来元外相夫人
大鷹　淑子	元参議院議員
大沼　保昭	東京大学教授
岡本　行夫	国際コンサルタント
加藤　タキ	コーディネーター
下村　満子	ジャーナリスト
鈴木　健二	熊本県立劇場館長
須之部　量三	元外務事務次官、元駐韓国大使
高橋　祥起	政治評論家、徳島文理大学教授
鶴見　俊輔	評論家
野田　愛子	弁護士
野中　邦子	弁護士、全国人権擁護委員連合会女性問題委員長
荻原　延壽	歴史家
三木　睦子	
宮崎　勇	大和総研理事長
山本　正	日本国際交流センター理事長
和田　春樹	東京大学教授

アジア女性基金設立に当たっての内閣総理大臣のあいさつ

1995（平成7）年7月18日
内閣総理大臣　村山富市
（8月15日全国紙広告）

　「女性のためのアジア平和国民基金」の発足にあたり、ごあいさつ申し上げます。
　今年は、内外の多くの人々が大きな苦しみと悲しみを経験した戦争が終わってからちょうど50年になります。その間、私たちは、アジア近隣諸国等との友好関係を一歩一歩深めるよう努めてまいりましたが、その一方で、戦争の傷痕はこれらの国々に今なお深く残っています。
　いわゆる従軍慰安婦の問題もそのひとつです。この問題は、旧日本軍が関与して多くの女性の名誉と尊厳を深く傷つけたものであり、とうてい許されるものではありません。私は、従軍慰安婦として心身にわたり癒しがたい傷を負われたすべての方々に対して、深くおわびを申し上げたいと思います。
　このたび発足する「女性のためのアジア平和国民基金」は、政府と国民がともに協力しながら、これらの方々に対する国民的な償いや医療、福祉の事業の支援などに取り組もうというものです。呼びかけ人の方々の趣意書にも明記されているとおり、政府としても、この基金が所期の目的を達成できるよう、責任を持って最善の努力を行ってまいります。
　同時に、二度とこのような問題が起こることのないよう、政府は、過去の従軍慰安婦の歴史資料も整えて、歴史の教訓としてまいります。
　また、世界の各地で、今なお、数多くの女性が、いわれなき暴力や非人道的な扱いに苦しめられていますが、「女性のためのアジア平和国民基金」は、女性をめぐるこのような今日的な問題の解決にも努めるものと理解しております。政府は、この面においても積極的や役割を果たしていきたいと考えております。
　私は、わが国がこれらのことを誠実に実施していくことが、わが国とアジア近隣諸国等との真の信頼関係を強化、発展させることに通じるものと確信しております。
　「女性のためのアジア平和国民基金」がその目的を達成できるよう政府は最大限の協力を行う所存ですので、なにとぞ国民のみなさまお一人お一人のご理解とご協力を賜りますよう、ひとえにお願い申し上げます。

アジア女性基金の行う事業についての閣議了解

1995（平成7）年8月11日

　「女性のためのアジア平和国民基金」が行う事業が、国内外の女性の名誉と尊厳の尊重及び擁護を通じて、平和で自由な社会の構築とアジア近隣諸国等と我が国との友好に寄与することを目的とするものであることにかんがみ、政府として、これに必要な協力を行うこととする。

戦後50年村山富市内閣総理大臣談話

1995（平成7）年8月15日
内閣総理大臣　村山　富市

　先の大戦が終わりを告げてから、50年の歳月が流れました。今、あらためて、あの戦争によって犠牲となられた内外の多くの人々に思いを馳せるとき、万感胸に迫るものがあります。
　敗戦後、日本は、あの焼け野原から、幾多の国難を乗りこえて、今日の平和と繁栄を築いてまいりました。このことは私たちの誇りであり、そのために注がれた国民の皆様一人一人の英知とたゆみない努力に、私は心から敬意の念を表わすものであります。ここに至るまで、米国をはじめ、世界の国々から寄せられた支援と協力に対し、あらためて深甚な謝意を表明いたします。また、アジア太平洋近隣諸国、米国、さらには欧州諸国との間に今日のような友好関係を築き上げるに至ったことを、心から喜びたいと思います。
　平和で豊かな日本となった今日、私たちはややもすればこの平和の尊さ、有難さを忘れがちになります。私たちは過去のあやまちを二度と繰り返すことのないよう、戦争の悲惨さを若い世代に語り伝えていかなければなりません。とくに近隣諸国の人々と手を携えて、アジア太平洋地域ひいては世界の平和を確かなものとしていくためには、なによりも、これらの諸国との間に深い理解と信頼にもとづいた関係を培っていくことが不可欠と考えます。政府は、この考えにもとづき、特に近現代における日本と近隣アジア諸国との関係にかかわる歴史研究を支援し、各国との交流の飛躍的な拡大をはかるために、この二つを柱とした平和友好交流事業を展開しております。また、現在取り組んでいる戦後処理問題についても、わが国とこれらの国々との信頼関係を一層強化するため、私は、ひき続き誠実に対応してまいります。
　いま、戦後50周年の節目に当たり、われわれが銘記すべきことは、来し方を訪ねて歴史の教訓に学び、未来を望んで、人類社会の平和と繁栄への道を誤らないことであります。
　わが国は、遠くない過去の一時期、国策を誤り、戦争への道を歩んで国民を存亡の危機に陥れ、植民地支配と侵略によって、多くの国々、とりわけアジア諸国の人々に対して多大の損害と苦痛を与えました。私は、未来に過ち無からしめんとするが故に、疑うべくもないこの歴史の事実を謙虚に受け止め、ここにあらためて痛切な反省の意を表し、心からのお詫びの気持ちを表明いたします。また、この歴史がもたらした内外すべての犠牲者に深い哀悼の念を捧げます。
　敗戦の日から50周年を迎えた今日、わが国は、深い反省に立ち、独善的なナショナリズムを排し、責任ある国際社会の一員として国際協調を促進し、それを通じて、平和の理念と民主主義とを押し広めていかなければなりません。同時に、わが国は、唯一の被爆国としての体験を踏まえて、核兵器の究極の廃絶を目指し、核不拡散体制の強化など、国際的な軍縮を積極的に推進していくことが肝要であります。これこそ、過去に対するつぐないとなり、犠牲となられた方々の御霊を鎮めるゆえんとなると、私は信じております。
　「杖るは信に如くは莫し（よるはしんにしくはなし）」と申します。この記念すべき時に当たり、信義を施政の根幹とすることを内外に表明し、私の誓いの言葉といたします。

第4回世界女性会議における野坂浩賢首席代表演説

1995(平成7)年9月

議長

　私は、日本政府を代表して、貴下がこの歴史的に重要な会議の要職に就かれたことに心から祝意を表します。

　また、ホスト国として多大な労をとられた中華人民共和国及び国民に対し、同じアジアの隣国として心からの感謝の意を表したいと思います。めざましい経済発展を遂げつつある、また「天の半分は女性が支えている」といわれる貴国において第4回世界女性会議が開催されることは、極めて意義深く、また時宜を得たものであります。

　さらに私は、ブトロス・ブトロス＝ガーリ国連事務総長及びこの会議の準備に献身的な努力をされた世界女性会議事務局のモンゲラ事務局長に対し、敬意を表します。

議長

　私は、先月、女性問題担当大臣に任命されました。我が国は女性と男性が対等なパートナーシップを実現する男女共同参画社会をめざしており、私のポストも、まさにそのために、官房長官が兼務する職務として3年前に設置されました。私はこの会議に出席する数少ない男性代表の一人でありますが、男女共同参画社会は、男性が女性と共に真剣に取り組んで、初めて実現するものと確信しております。我が国では官民あげてこの会議に対する関心が高く、男性4名を含む23名の国会議員がこの会議に参加しており、また約6千人の方々がNGOフォーラムに参加していると伺っております。

議長

　第1回世界女性会議以来、国際社会は国連を中心として、女性の地位向上のために努力を続け、成果を上げて参りました。しかしながら、女性が特に貧困に苦しめられている状況や、内戦や地域紛争下における女性の人権の侵害に直面するとき、私は依然として国際社会が取り組むべき課題の大きさを痛感いたします。

　私たちは今次会議において、克服すべき課題を認識し、平和で繁栄した国際社会への道標を世界に示さねばなりません。

　我が国は、これまで常に世界女性会議の開催や女子差別撤廃条約など、国連の取り組みを契機として国内の女性行政を推進して参りました。私は、各国及び国際社会が、この会議で採択される行動綱領にて示される道標に従い、女性の地位向上のための実際の行動をとることが何より肝要と考えます。

議長

　この会議において示されるべき道標には、特に重要な柱が三つあると考えます。第一の柱は女性のエンパワーメントであり、第二の柱は女性の人権の尊重であり、そして第三の柱は女性と男性、NGOと政府、そして国境を越えたパートナーシップの強化であります。

議長

　第一の大きな柱である女性のエンパワーメントとは、女性の可能性を充分に開花させ、多様な選択を可能にすることと考えます。

　そのための鍵の一つは教育であります。教育環境の整備の成果として、我が国では、女性の高等教育進学率が1989年以降男性を上回っております。しかし、今後とも一層、生涯にわたる多様な学習機会の充実を図っていかねばなりません。

　そしてもう一つの鍵は職場や意思決定への参画であります。我が国では男女雇用機会均等法の制定など、雇用上の平等確保にも成果を上げて参りましたが、まだほとんどの女性が厚い壁を感じているのが現実であります。政府は、女子公務員の採用・登用に一層努め、民間企業、政党等にも女性の登用を呼びかけるほか、女性による起業支援、農村や農業経営における女性の意思決定への参画の促進など、女性が能力を発揮しやすい環境を整える考えであります。

　世界に目を向けても、均衡のとれた持続的な経済・社会開発を実現するためには、女性が男性と共に開発に参加し、開発から受益することが不可欠と考えます。そしてそのためには、女性の一生を通じたエンパワーメントと男女格差の是正を目指した協力を充実させる必要があるでしょう。

　この目標のために、私は、この世界女性会議の場を借りて、我が国として「途上国の女性支援イニシアティヴ」を推進することを発表いたします。このイニシアティヴは、教育水準の向上、女性の健康の改善、経済・社会生活への参加の促進という3つの分野を特に重要視し、各々の分野の相互作用に留意しつつ、包括的な取り組みを進めるものであります。私は、これらの分野において合意された目標達成へ向けて、国際社会とその市民が、力を合わせて努力していくことを提案いたします。我が国の途上国の女性支援分野の援助は、既に年間6億ドルを大きく上回るに至っておりますが、私は、この「途上国の女性支援イニシアティヴ」実施のために、今後この分野の援助の拡充に努力していく所存であります。

議長

　第二の大きな柱は、女性の人権であります。この分野においては、女性の人権が普遍的かつ不可侵であることが国際的にも再確認され、我が国としても、女性の人権尊重の意識啓発に積極的に取り組んでいるところであります。また、リプロダクティブ・ヘルス／ライツの重要性、その実現のための包括的なアプローチの必要性が国際社会の場で合意されたことを我が国は高く評価しております。

一方、家庭内暴力や性的虐待、セクシャル・ハラスメントなどの問題は女性にとって深刻な問題であります。女性の人権と自由の享受は侵害されるべからざるものであり、我が国は、女性が売買春や性犯罪、性的搾取の犠牲になることのないよう、厳しく対処してゆく所存であります。

　このような努力に加え、我が国としては、世界各地で今なお数多くの女性が直面しているいわれなき暴力や、非人道的な扱いといった女性の名誉と尊厳に関わる諸問題を重視し、これに取り組むための新たな施策を積極的に展開して参ります。

　具体的には、政府は、本年7月に発足した「女性のためのアジア平和国民基金」と協力して、内外のNGOが女性の名誉と尊厳に関し草の根レベルで行っている活動、例えば、暴力の被害を受けた女性のケア、あるいは暴力防止のための研究、啓発活動などを、きめ細かくかつ効果的に支援していきます。

　また、こうした諸問題を根絶するための各国における取組みに協力するため、この分野での国連の活動の強化を支持し、これに協力して参ります。

　この「女性のためのアジア平和国民基金」はこのような今日的な女性の人権問題への取組みのほか、先の大戦下のいわゆる従軍慰安婦問題について過去の歴史への深い反省を踏まえ、元従軍慰安婦の方々に国民的な償いを行うための活動を開始したところであり、政府としては、同基金が所期の目的を達成できるよう、最大限の協力を行っていく所存であります。

議長

　第三の柱は、パートナーシップの強化であります。パートナーシップこそは共存の基本であり、私は、女性と男性のみならず、NGOと政府、そして国境を越えたパートナーシップを確立することが重要と考えます。

　我が国では昨年の夏、総理を本部長、全閣僚を構成員とする「男女共同参画推進本部」を設置し、ナショナル・マシーナリーの強化を図りました。私はこの本部の副本部長を務めておりますが、この本部が中心となって、21世紀の男女共同参画社会のあるべき姿を提示し、総合的な施策の推進を図るべく努力を重ねております。

　21世紀へ向けての第一の基本は、男女の対等なパートナーシップであります。我が国では、介護休業・育児休業に関する立法のほか、育児施策の充実など、職業生活と家庭生活の両立を支援するための諸施策の推進に努め、本年、ILO156号条約を批准いたしました。今後はさらに、選択的夫婦別氏制の導入等婚姻制度の見直しを検討すると共に、実質的な男女の平等、相互の理解・協力を一層進めるため、教育をはじめ様々な分野で積極的な施策を行ってゆく必要があると考えております。

第二に、我が国は、NGOと政府のパートナーシップもまた重要であると考えます。我が国では、今次会議の準備を通して確立したNGOと政府の協力関係を今後さらに強化し、国民的広がりの中で男女共同参画社会づくりを行ってゆきたいと考えます。

　第三に必要なのは、国境を越えたパートナーシップであります。今回北京に全世界から集った、約5万人の人々の絆が、21世紀への活路を開くこととなるでしょう。また、我が国政府も、インターネット等を通じ、女性問題に関する情報を広く世界に向けて発信すると共に、特にアジアの近隣諸国のナショナル・マシーナリーとは、手を携えながら女性問題の解決を目指すため、今後更に女性政策について意見を交換し、相互に連携を高めるための機会を作っていくことを提案いたします。

議長

　我が国にとっては、今年は婦人の参政権獲得から50周年目の記念すべき年であります。我が国の婦人参政権の先駆者、市川房枝氏は、「平和なくして平等なく、平等なくして平和なし」と、平等と平和が相互の実現のために不可欠であることを訴えました。

　我が国は、戦後、過去の教訓に学び、世界の平和と繁栄のために積極的に取り組んでいくことを外交の基本としてきましたが、唯一の被爆国として、一部の核兵器国による核実験は極めて遺憾であり、これらの国の自制を強く求めるとともに、全ての核兵器国による核軍縮と核廃絶に向けた真剣な努力を心より望むものであります。戦争で最初に苦しむのは、常に女性と子供であります。だからこそ、世界女性会議においても、平和への強い願いが常に示されてきました。女性は、戦争の受動的被害者という地位から抜け出し、平和の能動的な実現者とならなければなりません。

　今回の会議の成功は、明日の女性である少女に対する我々の責務であります。将来、男女共同参画社会実現の歴史を振り返ったとき、意義深い会議であったと評価されるよう、ここに集まった者全てが努力しようではありませんか。

　ありがとうございました。

元慰安婦の方々への内閣総理大臣のおわびの手紙

　このたび、政府と国民が協力して進めている「女性のためのアジア平和国民基金」を通じ、元従軍慰安婦の方々へのわが国の国民的な償いが行われるに際し、私の気持ちを表明させていただきます。
　いわゆる従軍慰安婦問題は、当時の軍の関与の下に、多数の女性の名誉と尊厳を深く傷つけた問題でございました。私は、日本国の内閣総理大臣として改めて、いわゆる従軍慰安婦として数多の苦痛を経験され、心身にわたり癒しがたい傷を負われたすべての方々に対し、心からおわびと反省の気持ちを申し上げます。
　我々は、過去の重みからも未来への責任からも逃げるわけにはまいりません。わが国としては、道義的な責任を痛感しつつ、おわびと反省の気持ちを踏まえ、過去の歴史を直視し、正しくこれを後世に伝えるとともに、いわれなき暴力など女性の名誉と尊厳に関わる諸問題にも積極的に取り組んでいかなければならないと考えております。
　末筆ながら、皆様方のこれからの人生が安らかなものとなりますよう、心からお祈りしております。

敬具

1996（平成8）年
日本国内閣総理大臣　橋本龍太郎
（歴代署名：小渕恵三、森喜朗、小泉　純一郎）

元慰安婦の方々へのアジア女性基金理事長の手紙

謹啓

　日本国政府と国民の協力によって生まれた「女性のためのアジア平和国民基金」は、かつて「従軍慰安婦」にさせられて、癒しがたい苦しみを経験された貴女に対して、ここに日本国民の償いの気持ちをお届けいたします。

　かつて戦争の時代に、旧日本軍の関与のもと、多数の慰安所が開設され、そこに多くの女性が集められ、将兵に対する「慰安婦」にさせられました。16、7歳の少女もふくまれる若い女性たちが、そうとも知らされずに集められたり、占領下では直接強制的な手段が用いられることもありました。貴女はそのような犠牲者のお一人だとうかがっています。

　これは、まことに女性の根源的な尊厳を踏みにじる残酷な行為でありました。貴女に加えられたこの行為に対する道義的な責任は、総理の手紙にも認められているとおり、現在の政府と国民も負っております。われわれも貴女に対して心からお詫び申し上げる次第です。

　貴女は、戦争中に耐え難い苦しみを受けただけでなく、戦後も50年の長きにわたり、傷ついた身体と残酷な記憶をかかえて、苦しい生活を送ってこられたと拝察いたします。

　このような認識のもとに、「女性のためのアジア平和国民基金」は、政府とともに、国民に募金を呼びかけてきました。こころある国民が積極的にわれわれの呼びかけに応え、拠金してくれました。そうした拠金とともに送られてきた手紙は、日本国民の心からの謝罪と償いの気持ちを表しております。

　もとより謝罪の言葉や金銭的な支払いによって、貴女の生涯の苦しみが償えるものとは毛頭思いません。しかしながら、このようなことを二度とくりかえさないという国民の決意の徴（しるし）として、この償い金を受けとめて下さるようお願いいたします。

　「女性のためのアジア平和国民基金」はひきつづき日本政府とともに道義的責任を果たす「償い事業」のひとつとして医療福祉支援事業の実施に着手いたします。さらに、「慰安婦」問題の真実を明かにし、歴史の教訓とするための資料調査研究事業も実施してまいります。

　貴女が申し出てくださり、私たちはあらためて過去について目をひらかれました。貴女の苦しみと貴女の勇気を日本国民は忘れません。貴女のこれからの人生がいくらかでも安らかなものになるようにお祈り申し上げます。

1996（平成8）年
財団法人女性のためのアジア平和国民基金
理事長　原　文兵衛
（歴代署名：村山富市）

フィリピンにおける事業開始に関する新聞広告文

現地新聞に載った告示

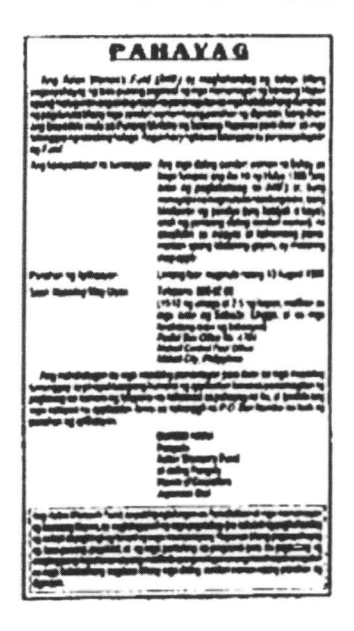

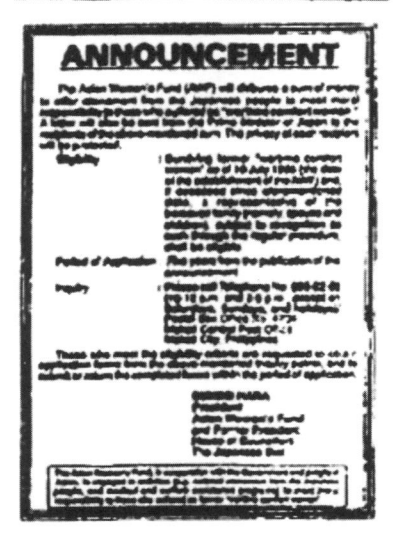

　女性のためのアジア平和国民基金は、このたび、先の大戦中に「慰安婦」とされたフィリピンの犠牲者の方々への道義的責任を果たすため、国民の償いの気持ちを表す一時金のお届けをいたします。なお、一時金をお届けする方に対して、日本国内閣総理大臣の手紙が届けられることとなります。また、プライバシーは保護されます。

一、対象…1995年7月19日（女性のためのアジア平和国民基金の設立日）現在ご存命の「従軍慰安婦」とされた犠牲者の方およびその遺族（配偶者及び子）の代表者の方で、正規の手続きを経て認定された方

二、受付期間…このお知らせの日より5年間

三、連絡先…電話番号　896-82-68　受付時間　土曜、日曜、祝祭日を除く毎日午前10時から正午、及び午後2時から午後5時まで　私書箱　フィリピン、マカティ市　マカティ中央郵便局私

該当されると思われる方は、上記連絡先から手続きのための用紙を入手し、上記の受付期間内に指定された提出先へ同用紙を提出していただくことになります。

1996年8月13日

女性のためのアジア平和国民基金
理事長　原文兵衛

アジア女性基金事業に関する日本政府の法的立場

1996(平成8)年10月
財団法人女性のためのアジア平和国民基金
(アジア女性基金)
理事長 原 文兵衛

　基金の事業と日本政府の法的立場との関係について、以下のとおり政府の見解を得ましたので、お伝えいたします。
　この見解を踏まえ、今後、私どもアジア女性基金へのご理解とご協力を賜わりますようお願いいたします。

(1) 元「慰安婦」の方が、アジア女性基金が示す一定の手続きにより基金の償い金を受け取る際に、「訴訟を取り下げること」あるいは「あらたに訴訟を提起しないこと」などの条件をつけることはないか、ということについての政府見解はつぎのとおり。

　【政府見解】
　基金が償い金を元従軍慰安婦の方にお渡しするに際して、日本政府が元従軍慰安婦の方に条件を求めることは当然ない。

(2) 個人補償請求裁判についての政府見解はつぎのとおり。

　【政府見解】
　1. アジア女性基金からお渡しされる償い金は、アジア女性基金が従軍慰安婦問題について、道義的な責任を果たすという観点から、国民の啓発と理解を求める活動を行い、募金活動を行った結果、広く国民各層から募られた償いの気持ちの表れである。
　2. したがって、日本政府としては、アジア女性基金からの償い金は、法的な問題とは次元を異にするものであり、償い金を受け取ることが、個人がこの問題について日本の裁判所に訴訟を提起し、その判断を求めることを妨げるようなものではないと考えている。
　3. この問題についての日本政府の法的立場は、従来のとおりであり、変更はない。
　4. なお、平成8年8月14日、フィリピンにおいて、マリア・ロサ・ルナ・ヘンソン氏に対し、総理の手紙と原理事長の手紙等をお渡しした伝達式において、ヘンソン氏は、「総理の手紙を受け取って幸せである。内容にも満足している。」と述べるとともに、東京地方裁判所に係属中の自己の訴訟に触れ、「自分は、既に日本を許している。私が日本を許さなければ、神様が私をお許しにならない。訴訟は継続するが、今後の活動は弁護士を通じて行う。」とコメントしていることを付言する。
　日本政府としては、ヘンソン氏が、日本政府及びアジア女性基金の行っている各施策の意義を十分に承知された上で、総理の手紙及び国民からの償い金等を受け入れて、他方、訴訟は続行するという対応をされていると承知している。

韓国における事業開始に関する金平輝子訪韓団長の「お知らせ」

1997(平成9)年1月11日

　本日、1997年1月11日、女性のためのアジア平和国民基金は、ソウル在住の元「従軍慰安婦」の方々、7名に対して基金の謝罪と償いの事業を開始しました。午後2時よりプラザ・ホテルにおいて、「金田君子」(仮名)さん他4名の方々に対して、基金を代表する金平輝子理事(前東京都副知事)より、日本国総理大臣の「お詫びの手紙」、基金理事長の手紙、日本国民のメッセージをお渡した次第です。のこり2名の方にはご自宅を訪問してお渡ししました。7名の方々のお名前は公表されません。ホテルの席には基金より高崎宗司運営審議会委員長、野中邦子同委員、中嶋滋同委員、事務局員2名が同席しました。なお「償い金」と医療福祉援助事業のお届け、実施は別個に行われます。

　「金田君子」さんから基金理事長に対して基金の事業をうけとめたいとの手紙が届いたのは昨年12月16日のことでした。つづいて他6名の方々からも同趣旨の手紙が12月24日に届きました。基金としては、韓国の関連団体が基金に反対する姿勢を引き続きとっており、基金の事業への援助がえられないという状況が続いていることを深刻に考えております。しかしながら、フィリピンでの事業開始後の半年のうちに基金の事業を受けとめられた9名中2名の方がすでに亡くなられたという事実に焦慮を深くしており、韓国においても高齢の被害者が基金事業の受けとめのご意思を表されたことに対しては、一日も早く事業の実施を行うべきであると判断したのであります。そのための方策をさまざまに求めた結果、本日緊急暫定的な形ではありますが、事業開始にいたったものです。

　本日アジア女性基金の事業を受け入れられた7名の方々は、かつて日本軍の要請等により設置された慰安所で「慰安婦」にさせられ、癒しがたい苦しみを経験され、戦後45年間無視と沈黙の歳月の中に生きられ、過去5年間は日本の行為を告発し、謝罪と補償を求めてこられた方々です。その方々が日本国総理の手紙と基金理事長の手紙を受け取って下さったことは、この間の日本政府と国民の認識と反省、お詫びと償いの意思を不十分ではあれ評価できるものと認めて下さったものと思っております。苦しみを受けられたハルモニたちの登場と告発があったればこそ、私たちは過去について目をひらかれ、ここまで変化することができたのであります。基金としては「従軍慰安婦」問題について、お詫びと償いが必要であるとの考えがますます国民全体のものになるように努力するとともに、あらたな資料を発掘し、真実を解明するために事業を展開してまいります。

　私たちは「従軍慰安婦」にされた韓国の被害者の方々、関係団体の皆様、韓国国民がこのたびの基金事業開始にこめられた日本政府と国民の気持ちを理解してくださるように切にお願い申し上げます。そしてこれを機会に韓国での基金の事業実施が円滑に行える環境がととのえられることを希望しています。過去に対する責任と反省、謝罪と償いの精神が日韓両国民の信頼と協力の関係の構築に不可欠であります。「従軍慰安婦」問題に対する基金のとりくみはそのための一歩であると私たちは確信しております。

1997年1月11日

財団法人女性のためのアジア平和国民基金訪韓団団長　金平輝子

Memorandum of Understanding between the Asian Women's Fund and the Department of Social Welfare and Development of the Republic of the Philippines Regarding the Implementation of the Assistance to Lolas in Crisis Situation Project in the Philippines

This Memorandum of Understanding entered and executed by and between:

The Department of Social Welfare and Development of the Republic of the Philippines with office postal address at Batasan Complex Constitution Hills, Quezon City, Philippines, represented by Secretary Lina B. Laigo, hereinafter referred to as DSWD;

and

The Asian Women's Fund with postal address at 2-17-42 Akasaka, Minato-ku, Tokyo 107, Japan, represented by its Vice-President Makiko Arima, hereinafter referred to as AWF;

Witnesseth

WHEREAS, *the AWF and the DSWD will provide goods and services in the medical and welfare fields to those who underwent immeasurable and painful experiences and suffered incurable physical and psychological wounds as "comfort women", with a view to supporting their livelihoods and well-being;*

WHEREAS, *the implementation of the Project is to be undertaken by the Department of Social Welfare and Development for which, the AWF shall provide the necessary financial resources.*

NOW, THEREFORE, *for and in consideration of the foregoing parties have this Memorandum of Understanding to fully support the implementation of the Project in the Philippines with the Lolas (former "comfort women") as the Recipients, by performing their respective roles as provided hereunder;*

I. *Department of Social Welfare and Development (DSWD)*

   a. *Shall implement the Project;*

   b. *Shall coordinate with Department of Foreign Affairs, Department of Justice, Department of Health, National Commission on the Role of Filipino Women, Asian Women Fund and other agencies in the implementation of the Project;*

   c. *Shall develop policies, standards, program and services for the implementation of the project;*

   d. *Shall identify the staff responsible in the implementation of the project;*

   e. *Shall develop training program for staff who will implement the program and services;*

   f. *Shall monitor, evaluate and document the project implementation and provide annual report to AWF, and*

   g. *Shall guarantee for appropriate management and use of funds it receives from AWF, and shall make sure that the fund be used solely for the implementation of the Project.*

II. *Asian Women's Fund (AWF)*

   a. *Shall provide the DSWD with financial resources which are necessary for the implementation of the Project, and*

   b. *Shall consult with the DSWD regarding the implementation of the Project.*

WHEREAS, *this MOU shall take effect on the date on which the AWF and the DSWD sign it, and shall remain in force for five years;*

WHEREAS, *either Party may terminate the MOU by giving notice in writing to that effect to the other party six (6) months prior to the date fixed for such termination;*

WHEREAS, *amendments to this MOU may be made at any time if both Parties agree to do so in writing;*

WHEREAS, *if any question should arise between the Parties regarding the interpretation of application of this MOU, the AWF and the DSWD shall consult each other in good faith.*

Done in duplicate in Manila, Philippines, on this 15th day of January, 1997.

For the:
Asian Women's Fund

MAKIKO ARIMA
Vice-President

For the:
Department of Social Welfare and Development

LINA B. LAIGO
Secretary

Signed in the Presence of :

TOSHIHIRO KANO
Special Assistant to the President
Asian Women's Fund

LEONIDES T. CADAY
Undersecretary
Department of Foreign Affairs

インドネシアにおける高齢者のための社会福祉サービスの増進に関するインドネシア共和国社会省と女性のためのアジア平和国民基金との間の覚書き

1997(平成9)年3月25日

　インドネシア社会省(社会省)及び女性のためのアジア平和国民基金(基金)は、以下両当事者として言及され、インドネシアに「従軍慰安婦」として数多の苦痛を経験され、心身にわたり癒しがたい傷を負われた犠牲者が存在することを認識し、インドネシアにおける高齢者のための社会福祉サービスの改善を希望し、以下の通りに合意した。

第1条　目的
　インドネシアにおける高齢者のための社会福祉サービスの増進

第2条　実施

1. インドネシアにおける高齢者のための社会福祉サービスの増進の実施を以下「事業」と言及する。
2. 社会省は、総額3億8千万円規模の「事業」を実施する。社会省は基金と協議して「事業」の実施のための年間計画を策定する。アジア女性基金は、右年間計画に従い「事業」を実施するために必要な資金を社会省に供与する。
3. 社会省は、元従軍慰安婦が存在すると考えられる地域において「事業」が実施されることを確保する。「事業」は、女性を優先する形で実施される。
4. 社会省は基金から受領する資金の適正な管理及び使用を確保する。

第3条`　報告及び協議

1. 社会省は、「事業」の実施を評価し、基金に年次報告を提出する。社会省は基金が要請するときは、基金からのオブザーバーを「事業」の施設に受け入れる。
2. 両当事者は、「事業」の実施に関し相互に協議する。

第4条　最終規定

1. この覚書は署名の日に効力を生じる。
2. この覚書は10年間効力を有する。いずれの当事者も終了日より6ヶ月以上前に書面により通告することによりこの覚書を終了することができる。
3. この覚書の解釈及び実施につき生じた紛争は、両当事者間の協議又は交渉を通じ友好的に解決される。
4. この覚書きは、両当事者の書面による相互の合意により必要な改訂ができる。1997年3月25日にジャカルタにおいて、英語により本書2通を作成した。

　　　社会省のために　　　　　　　女性のためのアジア平和国民基金のために
　　　　（署名）　　　　　　　　　　　　　（署名）

台湾新聞広告

台湾の元「従軍慰安婦」の方々に対するアジア女性基金の事業について
1997年5月2日

財団法人女性のためのアジア平和国民基金（アジア女性基金）は、元「従軍慰安婦」の方々に対して、①償いの気持ち（償い金）のお届け及び、②日本政府の資金による医療福祉支援事業をお届け致します。これらの事業は、韓国、フィリピンで既に開始されています。

日本国民からの償いの気持ち

アジア女性基金は、元「従軍慰安婦」の方々に対し、償いの気持ち（償い金）として、日本国民からの募金を原資として、お一人当たり200万円をお届けします。償い金は、政府の補償の肩代わりとして、受け取っていただこうというものではありません。「従軍慰安婦」として心身にわたり癒しがたい傷を負われた方々に対して責任を感じる日本国民が、「償い」の気持ちを表現するものに他なりません。

日本国の内閣総理大臣としての、真摯なお詫びと反省

償い金をお届けする際には、お一人お一人に対して、日本国政府を代表して内閣総理大臣より、真摯な「お詫びと反省」を表明する手紙をお届けします。

日本政府の資金による医療福祉支援事業

元「従軍慰安婦」の方々に対する医療・福祉支援事業は、日本政府が犠牲者への道義的責任を誠実に果たすために、日本政府の資金によりアジア女性基金を通して行うものです。アジア女性基金としては、元「従軍慰安婦」の方々に直接・具体的に役立つ方法で実施したいと考えております。①住宅改善、②介護サービス、③医療・医薬品補助、その他、犠牲者の方々個人のご事情とご要望にそって、5年間で一人当たり総額300万円規模（初年度は最高228万円規模と、2年目からは毎年18万円規模）で実施されます。

元「従軍慰安婦」の方々のもとに、一日も早くお届けしたい

アジア女性基金は、元「従軍慰安婦」ご本人のご意向を尊重し、アジア女性基金の事業を受け入れてもよいと判断された方に、一日も早く日本国民の償いの気持ちをお届けしたいと考えております。なお、償い金の受け取りに際し、「訴訟を提起しない」等の条件を求められることは一切ありません。

アジア女性基金事業受け取りの手続

▼対象者　　台湾当局ないしは台湾当局が認定作業を委託する団体により元「従軍慰安婦」として認定を受けておられ、アジア女性基金の事業を受け入れることを希望される方
（注）上記に該当する方で1995年7月19日（アジア女性基金設立日）時点で存命し、その後亡くなられた方の場合は、その配偶者および子は、償い金のみを受けとることができます。

▼受付期間　1997年5月2日より5年間
▼問い合せ先　萬國法律事務所
　　　住所：台北市仁愛路三段136號芙蓉大樓15樓
　　　☎ 02-755-7366内線150　（毎週月曜～金曜　9時～17時）
　　　Fax02-755-6486/707-2299

事業の対象者として該当されると思われる方は、上記の窓口にお問い合わせ下さい。詳しい資料を送付いたします。
★申請者の方の秘密（氏名、住所、その他の個人情報）は厳守いたします。

財団法人女性のためのアジア平和国民基金（アジア女性基金）
理事長　　原　文兵衛
〒107　日本国東京都港区赤坂2-17-42　☎81-3-3583-9346　FAX 81-3-3583-9347

韓国における事業実施に関する新聞広告文

ハンギョレ新聞、韓国日報など、1998年2月6日

　基金事業の概要説明

女性のためのアジア平和国民基金(アジア女性基金)」は、先の戦争において、「従軍慰安婦」とされて名誉と尊厳を傷つけられ、心身にわたり癒しがたい傷を負われた方々に対するお詫びと深い反省に立脚して、1995年7月、日本政府と国民の協力により発足しました。

アジア女性基金は、これらの元慰安婦の方々に対し日本国民の募金により償い金をお届けする事業及び日本政府の拠出による医療・福祉支援事業を実施しています。それとともに、いわれなき暴力や差別など今日なお存在する女性の名誉と尊厳に関わる問題の解決にも積極的に取り組んでいます。

いわゆる従軍慰安婦問題が提起されて以降、日本国内では、多数の女性の名誉と尊厳を深く傷つけたこの問題に対し、日本政府及び国民としてどのような誠意ある対応が可能か、また、望ましいか等について真剣な議論が繰り返されました。その結果、既に結ばれている諸条約を前提としつつ、日本政府のみの対応ではなく、幅広く国民の参加を求めて国民的な償いの気持ちを表していこうとの趣旨から、戦後50年という歴史の節目において、アジア女性基金が設立されました。

このような考え方に共鳴する多数の日本国民から、これまで約4億8千万円の募金が真心のこもったメッセージとともにアジア女性基金に寄せられています。また、日本政府は、アジア女性基金の活動を財政面を含め、全面的に支援するとともに、基金の事業が行われる折り、日本政府を代表しこの問題に関して改めて心からのお詫びの気持ちを表す内閣総理大臣の手紙を元慰安婦の方々お一人お一人にお届けしています。

アジア女性基金は、発足以来、元慰安婦の方々や関係者の方々との対話を積み重ね、これまでに、韓国、フィリピン等において全体で総計100名を超える申し込みがあり、50名余りの元慰安婦の方々に基金の事業を受け入れて頂いております。しかし、残念なことに、本基金の事業について、未だにさまざまな誤解や憶測があり、十分に理解されていないのも事実です。今回、先ずもって本基金設立の趣旨や事業の内容を皆様に正確に知って頂くことが重要と考え、この広告を出しました。今後、皆様方との更なる対話を通じて、日本国民の誠意ある償いの気持ちを1人でも多くの方に理解して頂き、お伝え出来ることを切に希望しております。

　　　　女性のためのアジア平和国民基金理事長　原文兵衛(元参議院議長)

「従軍慰安婦」にされた方々にお届けするもの

1. 日本国内閣総理大臣の手紙
   日本国民の償いの気持ちを表す「償い金」をお渡しする際に、日本政府を代表して、改めてお詫びと反省の気持ちを表す内閣総理大臣の手紙が届けられます。

2. 償い金
   日本国民の償いの気持ちを表すものとして、日本国民からの募金を原資に元慰安婦の方々に1人当たり200万円を「償い金」としてお渡しします。

3. 医療・福祉支援事業
日本政府が道義的責任を誠実に果たすため、政府からの拠出により、元慰安婦の方々が利用される財・サービスを提供します。具体的には、住宅改善、介護サービス、医療・医薬品補助等、御本人のおかれた実状とお気持ちに沿って実施されます。
この事業は、元慰安婦の方々に1人当たり、初年度に228万円、2年度から5年度に各18万円、合計5年間で300万円規模で実施されます。

4. その他
以上に加え、「償い金」をお届けする際、アジア女性基金へ募金とともに寄せられた日本国民のメッセージ、そして、日本国民の償いの気持ちと「基金」事業の趣旨を明らかにした原文兵衛理事長の手紙をお届けします。

この他、総理大臣のお詫びの手紙全文、理事長の手紙全文も掲載された。

原文兵衛アジア女性基金理事長より金大中韓国大統領への書簡

1998(平成10)年6月

大韓民國
金大中大統領閣下

　拝啓
　貴大統領閣下には国務にご精励になり、寧日もないご様子と拝察いたしております。そのような折り、書簡をもってお煩わせすることは誠に恐縮ですが、私どもの衷情を披瀝し、貴大統領閣下の英明なるご判断を仰ぎたく、筆をとらせていただきました。
　貴大統領閣下におかれましては、大統領御就任以降、21世紀に向け日韓関係を真の友好関係とすべく強力なリーダーシップを取られており、「慰安婦」問題を含む日韓間の過去の歴史に関する問題についても、その解決のため真剣な取り組みをされていることに対し、「女性のためのアジア平和国民基金」(以下アジア女性基金)を通じ日韓関係に関わっている私どもとしても大いに勇気づけられるところであります。
　アジア女性基金は、日本政府が二度に亘る調査を行った上で「慰安婦」にされた方々に対する道義的責任を痛感し、お詫びと反省を表明したことに基づき、様々な角度からの幅広い議論を踏まえて設立が決定されました。アジア女性基金は、政府と国民の協力による償いの事業を実施することを第一の目的としており、国民からの募金による「償い金」の支給と政府資金による医療福祉支援事業を行っています。戦後50年にあたり、日本の反省を通じて韓国国民の信頼をもとめる政府及び国民の努力の中軸として、アジア女性基金は出発したと言えます。
　1996年夏、橋本首相がアジア女性基金の事業が行われるに際して被害者の方々へ直接お渡しする「総理の手紙」を書きました(別添御参考)。これは「慰安婦」問題に関して、被害をうけた女性たちに日本国総理大臣として正式にお詫びをし、反省を表し、道義的責任を認めて、歴史の教訓とすることを明確にしています。私はこの手紙を受けて、アジア女性基金に拠金してくれた国民の気持ちを代弁する「理事長の手紙」を起草しました(別添御参考)。
　その夏のフィリピンでの事業の開始に続いて、韓国でも1997年1月、7名のハルモニたちに

文書庫

「総理の手紙」をお渡しし、基金事業の実施に入りました。残念ながら、このことは韓国国内では激しい非難を受け、7名の方々は胸痛む厳しい状況におかれました。

さらに、アジア女性基金は、1998年1月、韓国の新聞に基金事業の内容を説明する広告を掲載し、これを見て連絡して下さったハルモニに対しプライバシーの保護に配慮しつつ事業を実施する態勢に入りました。上述の7名の方々は引き続き身のおきどころがないような状態にありましたから、被害者のプライバシーを考え、その後事業を実施したか否かについても公表しない方針をとることとしました。

この度韓国政府が決定された支援金については、私たちは、韓国政府がハルモニたちに目を向け、その生活の支援に乗り出すということは歓迎したいと思います。4月21日閣議決定後の外交通商部スポークスマンの発表によれば、韓国政府は、ハルモニに支援金を支払い、「日本は過去に行った反人道的な行為に対し心から反省し謝らなければならない」とされましたが、アジア女性基金については何ら言及はありませんでした。しかしながら、5月7日から始まった支援金支給の形態はアジア女性基金を否定するものであるように見え、私たちに衝撃を与えています。

これらは韓国政府の正式な方針ではないかも知れませんが、新聞報道等によると、支援金支給の現場では、ハルモニたちに対しアジア女性基金を受け取らないという誓約書を書くことが求められ、アジア女性基金の事業を受け取ったと見られる人や誓約書を出していない人には支援金の支給が見合わされているようです。とくに、上述の7名の方々に対しては、アジア女性基金から受け取った金額を韓国の関係団体を通じて返却することを誓約すれば、政府の支援金を支給するとの方針が明確に示されていると伝えられています。これが真実なら、7名の方々は日韓の狭間で、一層堪え難い苦しみを強いられてしまいます。

アジア女性基金の事業は、日本政府と国民が協力して、道義的な責任の意識から実施しているものであり、日本政府と国民からのお詫びと償いの気持ちとして、この気持ちを受け止めようと決断したハルモニたちに対し事業を実施しているものであります。アジア女性基金の「償い金」はハルモニに対する生活支援ではありません。したがって、韓国政府の支援金とは全く次元を異にするものです。そのため、このたびの韓国政府の支援金支給とアジア女性基金の事業実施とは矛盾するものではなく、並行して行えるものであり、かつ並行して行うことがもっとも現実的で、矛盾や苦しみのない行き方だといえます。

そこでお願いです。7名を含めて、すべてのハルモニたちに、一切の誓約書なしに支援金を支給していただくようお願いいたします。また、すでに誓約書を書いて支援金を受け取った人であっても、もしもご本人がアジア女性基金の事業を受け取ることを望むなら、ご本人の意志を尊重するという政府の姿勢を示していただきたいのです。

このように、アジア女性基金は、日本政府と日本国民の真摯な気持ちを表したものであることから、そのような気持ちをできるだけ多くのハルモニにお届けしたいと希望しております。しかし、そのことが、日韓関係の悪化につながることは、もとより本意ではありません。ましてアジア女性基金の事業を受け取られた方々が苦しみを受けられることは私どもには耐え難いことです。そうならないよう私どもは微力ながら努力してきたつもりです。しかし、事態は私どもの手では如何ともしがたい状況にあるにあるように思われます。このような事態を打開するためにも、貴大統領閣下の御英断により、日韓の両国民の未来のために、韓国政府の配慮と日本国民の償いの意思を共に生かす道を見出してくださるように切にお願い申し上げます。この関連で、もしも貴大統領閣下及び韓国政府におかれてアジア女性基金に関する何らかの新たなご提案がおありであれば、私は真剣に検討し対処してまいります。

貴大統領閣下のますますの御健勝と日韓間の友好関係の一層の進展を心よりお祈り申し上げます。

1998年6月11日

財団法人女性のためのアジア平和国民基金
理事長　原文兵衛

橋本内閣総理大臣がオランダ国コック首相に送った手紙

1998(平成10)年7月15日
内閣総理大臣　橋本　龍太郎

　我が国政府は、いわゆる従軍慰安婦問題に関して、道義的な責任を痛感しており、国民的な償いの気持ちを表すための事業を行っている「女性のためのアジア平和国民基金」と協力しつつ、この問題に対し誠実に対応してきております。

　私は、いわゆる従軍慰安婦問題は、当時の軍の関与の下に多数の女性の名誉と尊厳を深く傷つけた問題と認識しており、数多の苦痛を経験され、心身にわたり癒しがたい傷を負われたすべての元慰安婦の方々に対し心からのおわびと反省の気持ちを抱いていることを貴首相にお伝えしたいと思います。

　そのような気持ちを具体化するため、貴国の関係者と話し合った結果、貴国においては、貴国に設立された事業実施委員会が、いわゆる従軍慰安婦問題に関し、先の大戦において困難を経験された方々に医療・福祉分野の財・サービスを提供する事業に対し、「女性のためのアジア平和国民基金」が支援を行っていくこととなりました。

　日本国民の真摯な気持ちの表れである「女性のためのアジア平和国民基金」のこのような事業に対し、貴政府の御理解と御協力を頂ければ幸甚です。

　我が国政府は、1995年の内閣総理大臣談話によって、我が国が過去の一時期に、貴国を含む多くの国々の人々に対して多大の損害と苦痛を与えたことに対し、あらためて痛切な反省の意を表し、心からお詫びの気持ちを表明いたしました。現内閣においてもこの立場に変更はなく、私自身、昨年6月に貴国を訪問した際に、このような気持ちを込めて旧蘭領東インド記念碑に献花を行いました。

　そして貴国との相互理解を一層増進することにより、ともに未来に向けた関係を構築していくことを目的とした「平和友好交流計画」の下で、歴史研究支援事業と交流事業を二本柱とした取り組みを進めてきております。

　我々は、過去の重みからも未来への責任からも逃げるわけにはまいりません。我が国としては、過去の歴史を直視し、正しくこれを後世に伝えながら、2000年には交流400周年を迎える貴国との友好関係を更に増進することに全力を傾けてまいりたいと思います。

オランダにおける事業実施に関するオランダ事業実施委員会と交わした覚書

1998(平成10)年7月15日

従軍慰安婦問題に関する
女性のためのアジア平和国民基金とオランダ事業実施委員会との間の覚書

(仮訳)

　女性のためのアジア平和国民基金(以下、基金とする)及びオランダ事業実施委員会(以下、委員会とする)は、

　先の大戦中にオランダ人女性がいわゆる「従軍慰安婦」として数多の苦痛を経験され、心身にわたり癒しがたい傷を負われたことを認識し、

　また、心身にわたり被害を受けたこれらのオランダ人女性が高齢に達していることを認識して、

　これらの女性の生活状況の改善を希望して、

　以下のとおり合意した。

第1条
事業の目的
　基金は、「従軍慰安婦」問題に関し日本の償いの気持ちを表すために、委員会が実施する先の大戦中に心身にわたる被害を受けたオランダ人戦争被害者の生活状況の改善を支援する事業(以下、事業とする)に対し、財政的支援を行うものとする。

第2条
事業の内容及び対象者

1. 委員会は、基金から供与された資金を使用して、この覚書と不可分の一体をなす別紙の事業実施要領に従い、事業対象者に対し、本人の実状と要望を考慮しつつ、その生活改善に資する医療・福祉分野の財・サービスを提供することを内容とする事業を実施するものとする。
2. 事業対象者は、委員会が、第1条に述べられているように心身にわたり被害を受けたオランダ人戦争被害者のうち、第1条の目的に照らし事業対象とすることが適切と委員会が認める方とする。

第3条
資金の提供

1. 基金は、事業実施要領に従い、事業の実施に必要な資金として事務経費を含む総額2億5千5百万円を上限とする資金を事業実施期間中に委員会に供与する。
2. 委員会は基金から受領する資金の適正な管理及び使用を確保する。

第4条
協議及び報告

1. 委員会及び基金は、この覚書の実施に当たっては、相互に密接に協議するものとし、第3者に情報提供を行う場合（事業対象者の募集を含む）は、事前に他の当事者に対して、提供する相手方、提供する情報について通報するものとする。
2. 委員会は、基金に対し、事業の実施状況について年次報告書を提出するものとする。委員会及び基金は、事業実施に関する年次評価会合を開催する。

第5条
プライバシーの保護

　　委員会及び基金は、事業実施に関し知り得た事業対象者及び申請者個人のプライバシーに関する情報を厳格に保護するものとする。

第6条
Safe-Guarding Clause

　　基金は委員会が、委員会と基金との間で定めた合意事項及び覚書に沿って事業を実施している限りは、委員会に対し何ら問わないものとする。

第7条
最終規定

1. この覚書は、署名の日から効力を生じる。
2. この覚書は、3年間効力を有する。委員会及び基金のうちいずれか一方も、了日から6ヶ月以上前に書面による通告によりこの覚書を終了することができる。
3. この覚書の解釈及び実施につき紛争が生じる場合には、委員会及び基金は、委員会及び基金間の協議又は交渉を通じ友好的に解決するよう最大限努める。
4. この覚書は、日本法に準拠して作られた契約として、解釈され効力を有するものとする。委員会及び基金は、また、この覚書に関する法律上の紛争について、東京地方裁判所の管轄に服するものとする。
5. 基金は委員会が事業を実施する際、事業対象者等の第三者とオランダ法に基づきオランダの裁判所において法律上の紛争を行うことに異議を申し立てることはないものとする。
6. この覚書は、委員会及び基金間の書面による合意により、必要な改正を行うことができる。

1998年7月15日に、デン・ハーグにおいて、英語により本書2通を作成した。

オランダ事業実施委員会のために　　女性のためのアジア平和国民基金のために
委員長　　　　　　　　　　　　　　副理事長

アジア女性基金設立5周年活動報告

2000(平成12)年9月1日
アジア女性基金

　「女性のためのアジア平和国民基金」(アジア女性基金)は、いわゆる従軍慰安婦問題に関して、道義的な責任を痛感した政府の決定に基づいて、政府と国民が協力して、元「慰安婦」の方々に対する全国民的な償いの気持ちを表すための事業と、女性をめぐる今日的な問題の解決のための事業を推進するとの趣旨で発足いたしました。
　1995年7月19日の発足以来、5年を経過し、この間基金にはさまざまな批判も寄せられました。基金のたどった道には、単に「国家補償是か非か」にとどまらない多くの困難がありました。しかし、拠金者の皆様、国民各界の方々のご声援、関係省庁の担当者のご協力によって、基金は今日まで事業を進め、基本的な成果を得たと申せます。

償いの事業内容
　アジア女性基金の償いの事業は、今日までにフィリピン、韓国、台湾において170名、さらに、オランダにおいては、償い事業の一環の医療福祉支援事業を通じて77名、計247名の元「慰安婦」の方々に対して実施されました。また、インドネシアでは、「高齢者社会福祉推進事業」を行っております。
　フィリピン、韓国、台湾の元「慰安婦」の方々お一人お一人に対しては、償いの事業を実施する際、総理大臣のおわびの手紙が渡されます。そこには「いわゆる従軍慰安婦問題は、当時の軍の関与の下に、多数の女性の名誉と尊厳を深く傷つけた問題」と認識し、「道義的な責任を痛感しつつ」、「数多の苦痛を経験され、心身にわたり癒しがたい傷を負われた」すべての元「慰安婦」の方々に対し、「心からのおわびと反省の気持ちを申し上げる」ことが日本国内閣総理大臣の名において表明されています。
　償いの事業においては、第一に、元「慰安婦」の方々に対するおわびと反省の気持ちを分かち持つ国民から基金に寄せていただいた募金から、「償い金」200万円を元「慰安婦」の方々にお渡ししています。募金は現在まで総額約4億4800万円に達しています。「償い金」のお渡しはフィリピン、韓国、台湾で170名に実施され、3億4000万円が支出されました。残金は約1億800万円となっています。
　第二に、政府は、おわびと反省の気持ちを表すために、元「慰安婦」のお一人お一人に対して、アジア女性基金を通じて、政府資金による医療・福祉支援事業を行っています。その規模は、各国・地域の物価水準を勘案して決められました。韓国・台湾・オランダで300万円相当、フィリピンでは120万円相当となっています。具体的には、住宅改善、介護サービス、医療・医薬品補助等、元「慰安婦」個々人の実情と希望を配慮し実施しています。
　これに前述の総理のおわびの手紙を加えたものが償いの事業の三つの柱です。

各国別実施状況
　各国別の事業についてご報告します。
　フィリピンでは、有力な女性団体であるリラ・ピリピーナと女性の人権のためのアジア・センターの支援を受けて提出された申請書を、フィリピン政府タスクフォース(フィリピン政府の各省庁で構成された「慰安婦」問題特別委員会)が審査します。その結果、元「慰安婦」と認定された方に基金が「償い金」をお渡しし、併せて、社会福祉開発省を通して医療・福祉支援事業を実施しております。申請は順調で、認定は現在も進行中です。現在160名近い申請者が認定

の過程にあり、約一年後に迫った申請締め切りの2001年8月までには、さらに申請が増加するものと思われます。

　韓国では、元「慰安婦」と行動をともにしてきた運動団体やマスコミからご理解がいただけず、1997年1月に申請を出された7名の方々に事業を実施した後も、基金への批判が寄せられました。そこで一時、事業を見合わせていましたが、1998年1月韓国の4紙に広告を掲載して事業の再開に踏み切りました。その後韓国政府が生活支援金を出されましたので、原文兵衛前理事長名で、基金の「償い金」と韓国政府の生活支援金は性格が違うものであり、したがって両立できるものであることを認めてほしいと申し入れました。その後さまざまな交渉と経過の後に、韓国の政府と世論に配慮して、現在では韓国での事業は停止状態にあります。基金事業につき理解を得られるように引き続き努力していきたいと思います。

　台湾でも、台湾当局や有力な女性団体にご理解がいただけないまま、元「慰安婦」個々人の気持ちを尊重すべきだという弁護士浩敏氏にご協力をいただき、氏の萬國法律事務所を申請の受付先に指定して、1997年5月台湾の3紙に広告を掲載し事業を行っております。以後、毎年1回、台湾各紙に、一人でも多くの被害者に基金の事業についての情報を提供し、また、一般の人々にも事業の内容、性質を正確に理解してもらうことを目的として、広告の掲載を続けています。

　基金の償いの事業を受け入れた元「慰安婦」の方々は、それぞれ深い思いをもっておられます。
　ある韓国人被害者は、基金の事業を受け入れることを決められましたが、当初は基金の関係者には会いたくないという態度を示されていました。しかし、基金の代表が総理の手紙を朗読すると声をあげて泣き崩れ、基金の代表と抱き合って泣き続けて、自分の「慰安婦」としての経験や帰国後の苦しみなどを語り出されました。日本政府と国民のおわびと償いの気持ちはしっかりと受け止めていただけたと考えております。

　オランダでは、1998年7月15日、基金とオランダ事業実施委員会との間で覚書を締結し、総額2億5500万円の規模で、医療・福祉支援事業が実施されました。被害者の77名の方々が受け取られ、事業はほぼ終了しています。
　内閣総理大臣はオランダの首相に宛てた書簡を送り、「慰安婦」とされた方々に対する日本政府のおわびと反省を表明しました。この書簡はその後、被害者お一人お一人に届けられました。これを受け取った被害者の方々から、いろいろな感謝の言葉が事業実施委員会に寄せられました。その中のお一人からの手紙をご紹介します。
　「あなたが私のためにして下さり、これからもして下さるすべてのことに対してお礼を申し上げます。この金銭的な補償だけでなく、15歳の少女であった私が受けたあの悲惨さのすべてが認められたことに対してです。そのことが、いもまなお口を開けていて、それをかかえて生きていくことに耐えてきたあの傷の痛みを和らげてくれます。」

　インドネシアでは、同政府が元「慰安婦」の方々の認定を行わないとして、元「慰安婦」個人に対する事業ではなく、「高齢者社会福祉推進事業」への支援を受けたいと日本政府に申し入れました。基金は日本政府の要請を受けて、1997年3月25日、インドネシア政府社会省との間で覚書を締結し、総額3億8000万円の規模で10年間にわたり支援を行うことになりました。初年度と第2年度の事業として11の施設が完成し、現在124名が入居しておられます。

歴史の教訓とする事業
　歴史の教訓とする事業は、基金の「償いの事業」と密接不可分な事業、その柱の一つとして構想されました。
　まず第一は、「慰安婦」関係文献の書誌データの整備です。1997年9年に『「慰安婦」関係文献目録』が出版されました。その後この内容はデータベース化され、基金のホームページでアクセスできるようになっています（www.awf.or.jp）。第二に、政府が調査して集めた「慰安婦」関係の資料を影印本として公刊しました。1997年3月から1997年7月にかけて刊行された『政府調査「従軍慰安婦」関係資料集成』全5巻です。第三に、「慰安婦」関係資料委員会を設置し、96年、97年、98年において、委員の出張および研究委託により、防衛研究所の金原文書の調査、沖縄県所蔵の資料調査、インドネシア、ミクロネシアでの聞き取り調査、アメリカ、オランダ、ドイツ、台湾の公文書館での調査を行ないました。これらの調査報告をふくめ、1999年2月に『「慰安婦」問題調査報告・1999』を刊行しました。これらの刊行物は国内および関係国の公共図書館に配布され、関係方面から高く評価されています。

今日的な女性問題への取り組み
　なお、アジア女性基金は、歴史の反省を踏まえ、現在も女性に対する暴力や人権侵害が世界の各地で一向に減少しない実態について、積極的にこれらの問題に取り組み、女性たちへの暴力や人権侵害のない社会をめざすため、さまざまな事業を行っております。
　この5年間に、ドメスティック・バイオレンス（DV）、人身売買、援助交際、紛争下の女性の人権、司法と女性等の問題を取り上げ、内外のNGOや専門家との共同作業や、自治体また国連やその他の国際機関と協力しながら、国際会議や調査・研究・研修等を行ってきました。
　これらの事業の積み重ねを実際に役立つものとするため、報告書作成や教育・啓発のためのビデオ制作を行い、市民団体、自治体や女性たちの活動に利用していただいております。また、問題に直面し、被害にあっている女性の救済や援助のための能力を高めることを目的とした研修も行ってきました。
　アジア女性基金の尊厳事業では、特に、被害者の立場からの問題の認識と解決を重要視しています。当初、この事業も「なぜ基金が」と一部のNGOからご理解をいただけなかったのですが、5年間の活動を経て着実に受け入れられ、その意義が認められつつあると考えております。

基金の願い
　こうして政府と国民の協力によって、アジア女性基金は、元「慰安婦」の方々に対して全国民的な償いの気持ちを表す事業と、今日的な女性の問題に取り組む尊厳事業を推進してきました。基金としては、これらの事業が元「慰安婦」の方々の名誉の回復に資し、また、被害を受けたすべての女性の支えや自立の一助となることを願うものです。償いの事業を受け取られたすべての方々が社会的認知を得られるよう、基金としてもそのために全力を尽くしたいと考えております。
　さらに、今日的な女性問題にかかわる事業について、これまでも多くの研究者、自治体、マスコミ、政府、国際機関、NGO等の協力をいただいていますが、いっそうの協力関係が実現できるよう希望しております。
　アジア女性基金の償いの事業は完了しておりません。被害を受けられた方々、関係政府、当局、市民の皆様の一層のご理解をお願いする次第です。事業が停止している国においては、政府と関係団体のご理解を得て事業を再開できることを願っております。

財団法人女性のためのアジア平和国民基金

村山富市理事長就任にあたり中川秀直内閣官房長官記者会見発言要旨

2000(平成12)年9月1日
内閣官房長官　中川　秀直

　「女性のためのアジア平和国民基金」は、1995(平成7)年7月の設立後、本年で5周年を迎え、本日は村山元総理が理事長に選任された。政府としては、村山新理事長の就任を心から歓迎し、この機会に同「基金」を設立し、支援してきた我が国政府の基本認識を改めて次の通り明らかにしておきたい。

1. 我が国政府としては、いわゆる従軍慰安婦問題に関して道義的な責任を痛感しており、同「基金」を通じて、この問題に対し誠実に対応してきている。

2. 本日、「女性のためのアジア平和国民基金」新理事長に村山元総理が就任され、先程森総理に就任挨拶をされた。本年、同「基金」は95年の設立から5周年を迎えたが、いわゆる従軍慰安婦問題について国民的な償いの気持ちを表すための同「基金」事業はおおむね順調に進んできている。そのうち、政府は同「基金」に対し政府予算を拠出し、同「基金」を通じて元「慰安婦」の方々に対する医療・福祉支援事業を実施してきている。また、広く国民の皆様から同「基金」に寄せられた募金は、約4億5千万円に上り、同「基金」ではこれを原資としてこれまで170名の元「慰安婦」の方々に「償い金」をお届けしていると承知している。

3. 同「基金」が村山新理事長の下でいわゆる従軍慰安婦問題に係る事業をはじめ、「慰安婦」関連資料の収集・整理等の活動や、今日的な女性問題に関する事業に全力で取り組まれ、そうした事業が順調に進展することを願うとともに、政府としても、同「基金」の事業に対し引き続き出来る限りの協力を行っていく考えである。

オランダにおける事業終了に関する最終報告

2001(平成13)年7月13日

「オランダ事業実施委員会」評価報告書

　財団法人オランダ事業実施委員会(以下、PICN)は1998年7月15日に設立された。同日、財団法人女性のためのアジア平和国民基金(以下、アジア女性基金)とPICNの間で覚書が交わされ、アジア女性基金側は山口達男副理事長、PICN側は当時の委員長G.L.J.ハウザー元将軍がこれに署名した。署名式は池田維駐オランダ日本大使公邸で行われた。また、この署名式に際し、橋本龍太郎日本首相(当時)よりW.コック・オランダ首相へ、オランダにおいて実施される本事業の意義にも触れつつ、元「従軍慰安婦」らの苦しみに対する心からのお詫びと深い反省の気持ちを表明した総理書簡が送られた。(後日この書簡のコピーが本事業の対象者全員に送付された。)

オランダ事業実施委員会
　委員会設立当時の構成メンバーは以下の通り：
　G.L.J.ハウザー元将軍　委員長
　M.J.ハマー博士　副委員長（兼書記）／被害者に関する個人情報管理担当者
　R.A.ペーター　会計
　C.E.スフェルクロップ　委員
　Drs C.オッテ　顧問

　在オランダ日本大使館の職員2名（山本氏および松林氏）がアジア女性基金を代表してPICN委員会のオブザーバーとして参加した。両名とも2000年に配置移動になるまで同委員会の全ての会議に出席し、その後は後任の職員がオブザーバーを引き継いだ。

　1998年9月、K.ライクボルスト氏が新しくPICN書記に就任した。
また同年11月、G.L.J.ハウザー元将軍が私事により委員長の座を退いたが、その後も特別顧問として引き続き委員会の活動に関った。

　1998年11月9日の会議で、PICNは以下の人事を新たに決定した：
M.J.ハマー博士　委員長／被害者に関する個人情報管理担当者
R.ウンヘレル　委員
G.L.J.ハウザー元将軍　特別顧問
副委員長は空席、ただし必要な場合はR.A.ペーター氏が副委員長を兼務する。

　R.A.ペーター氏はPICN設立以前の段階で、任務に際する適切な保障を獲得し、また1999年から日本の会計年度に準じた年度末（3月31日）前にPICNの財政状況を確認するよう、会計業務代行会社「Deloitteen Touche」に委託した。
　PICNはハーグ商業会議所に27173399番で登録されている。また、WassenaarのABN AMRO銀行に銀行口座を開設し、ハウザー元将軍、ペーター氏およびハマー氏を署名人と認定した。

事業の目的
PICNは、第二次世界大戦中のある期間に東南アジア各地で占領日本軍の軍人らに慰安所または同等の場所で性的奉仕を強いられた人々のうち当時オランダ国籍を有していた者の、現在の生活状況の改善のためにアジア女性基金がオランダで立ち上げた「生活改善事業」の実施を目的としている。
PICNが行う「生活改善事業」では、こうした被害者らに、医療や福祉分野の財・サービスや物品等提供することで彼等の生活状況の改善を図る。この目的のため、アジア女性基金がPICNに資金を供与し、事業を実現させることによって被害者らの苦しみに対する日本側の償いの気持ちを表明する。

PICNの設立
　事業立ち上げ当初、アジア女性基金とPICNは3年以内（1998年、1999年、2000年度）に事業を実施することで合意した。（日本の天皇皇后両陛下によるオランダ公式訪問が行われ、また日蘭交流400周年でもあった2000年の年末までに、全ての対象者が財・サービスの提供を受けることができた。）

また、対日道義的債務基金との間で、同基金からPICNへの受給申請者データの移動についても合意した。これは両団体がお互いから完全に独立した状態で運営されるために必要な取り決めだった。
　PICNのように個人情報を保持している団体は、オランダ個人情報登記所（Dutch Chamber of Registration of Personal Data）に登録する法的義務があるため、PICNも登録を行った。
　この事業を受け取ることによって対象者に税法上の納税義務、及びオランダ戦争諸法規に関連する支払いに対して、どのような影響が出るのかそれぞれオランダ財務省、オランダ年金・手当評議会（PUR）に問い合わせたところ、どちらも影響はないとのことだった。

広報活動
　準備段階（PICN設立前の2年以上の期間）において、対日道義的債務基金（元従軍慰安婦のグループとアジア女性基金との間の仲介役として参加）の理事会と、アジア女性基金の代表としての在オランダ日本大使館職員（宮原氏および松林氏）との間で交渉が繰り返され、最終的に上述の「オランダにおける生活改善事業」を立ち上げることで合意した。この交渉期間中、慰安行為を強いられた被害者らのグループとの接触を図るため、対日道義的債務基金の刊行雑誌誌上に広告記事が掲載され、このおかげで多くの被害者が早い段階で、当時同基金の理事であり、またこれらの特殊な被害者グループに関する個人情報管理担当者だったハマー氏と接触を取ることができた。また被害者らはハマー氏に対し早い段階で、アジア女性基金から提供される予定の財・サービスの希望用途等についても特別書面で伝えている（PICNは後日、申請者が希望する物品やサービス等のリストとして、この書面を使用した）。
　実現段階においては、PICN設立時にスフェルクロップ氏が広報関連の実務担当者に任命された。1998年7月には全オランダ大使館で広報が行われ、また、世界各国の刊行物、各種雑誌、ホームページ等にも英語およびオランダ語の広告記事が7ヶ月間掲載された。スフェルクロップ氏は非常に優秀な仕事をし、掲載された全ての広告記事等のリストは松林氏に引き継がれた。これらの広報活動の結果、新しい受給申請が多数PICNに寄せられた。

PICNによる対象者判定
　ハマー氏は被害者に関する個人情報管理担当者として、PICN内に設置された特設私書箱を通じて全ての申請書類を受け取り、最初の選別作業を独りで行った。慰安行為を強制された被害者に該当するとハマー氏が判断した人に対しては、正式申請書／登録書類と共に、PICNが今後その人のケースをどう取り扱っていくことになるかについて記載した標準書類と、物品やサービス等のリストが併せて発送された。これらの書類が申請者から返送されてくると、ハマー氏はまずそれらの書類から名前など全ての個人情報を消した上で、各書類にコードナンバーを付し、これをPICNのその他の委員および顧問に送付し、物品／サービス等のリストと共に次のPICN会議へ提出した。委員会は基準（当時オランダ国籍を保有していたか、第二次世界大戦中か、強制されたか、占領日本軍によるものか、頻度、被害の質、傷害・病気、場所）に従って各ケースを検証した。この際、PelitaやPUR（オランダ年金・手当評議会）によって既に作成されていた被害者についての報告書が非常に役立った。また既存の報告書がないケースについては、その他の方法―目撃証言、PelitaやPURで認識している軍駐屯地および慰安所の名前、既存資料やその他の情報源―を使って申請内容の信憑性を確認した。このようにして全てのケースを慎重に検証した結果、申請者のうち約28人については対象者とは認められない、との結論に至った。これらの申請者へは検証結果についての特別通知が発送され、対象者と認められなかった旨が伝えられた。
　最終的に対象者と認定されたのは78人で、全員に検証結果についての通知が発送され、対象者と認められた旨が伝えられた。

ハマー氏は、PICNによって承認された物品／サービス等のリストの英語版に署名し、以下の各事項について記載した正式書類と共に在オランダ日本大使館（松林氏、その後香島氏）に送付した。記載の内容は右の通り：コードナンバー、性別、年齢、国名、申請日、対象者と認定された日、承認された物品／サービス等、物品／サービス等の合計額（全対象者について同額とすることで合意されている。）被害の状況、PICNのコメント。

申請締切日の延期
1999年1月、PICNはPelitaのソーシャルワーカーから緊急要請を受けた。彼は、自分のクライアント数人が、第二次世界大戦中に占領日本軍の軍人らから受けた暴力的な性的虐待について、現時点ではまだ口にすることが非常に困難な状態であることを訴えてきた。そして、申請締切日が延期され、今しばらくの時間的余裕が与えられれば、10人から25人の女性が申請できる状態になる可能性がある、と伝えてきた。PICNはこの件についてアジア女性基金と協議した。
1999年3月4日のPICN会議で、山口達男副理事長及び伊勢桃代専務理事兼事務局長出席のもと、申請締切日の延期について検討が行われ、その結果、申請締切日を2000年3月15日まで延期することを決定した。

対象者の居住国	
オランダ	54人
イギリス	2人
インドネシア	8人
カナダ	2人
アメリカ合衆国	5人
オーストラリア	6人
インド	1人

橋本龍太郎元日本首相からの手紙
1998年7月15日、アジア女性基金とPICNの間で覚書が交わされ、署名式が行われた。この署名式に際し、橋本龍太郎日本首相（当時）よりW.コック・オランダ首相へ、日本政府の代表として「従軍慰安婦として数多の絶え難い苦しみを経験され、心身にわたり癒しがたい傷を負われたすべての方に対し、心からのお詫びと反省の気持ちを表明する」総理書簡が送られた。この謝罪の言葉は重要な意義を持つものだった。オランダ首相がこの書簡を受け取ったことを知ったPICNは、この書簡の現物コピーおよび正式翻訳を入手し、対象者全員にこれらのコピーを渡すべきだと考えた。このため、まずオランダ政府に問い合わせたところ、書簡の送り主の同意を得られれば許可できる、との返答だった。1999年3月、ハマー夫妻が日本政府より訪日の招待を受けたため、来日したハマー氏は日本外務省にこの件について問い合わせた。その結果、1999年6月、PICNはオランダ政府からこの書簡のコピーおよび正式翻訳を受け取ることができ、第一次財・サービスの提供に合わせて対象者全員にコピーを発送することができた。ハウザー元将軍が署名式におけるスピーチで述べたように、この反省とお詫びを表明した日本首相からの手紙を受け取ることで、「被害者のこの事業の受け入れに対する抵抗がやや和らげられる」ことになる。外傷後ストレス障害（PTSD）から徐々に回復していくプロセスの中で、被害者は元「敵」からの癒しや心からの言葉、確実な事象、そして実際の行為と態度で表される「二度とこのようなことを起こさない」という言葉を必要としている。ハウ

ザー元将軍は、精神（気持ち）、行為、態度の三要素が和解のプロセスで不可欠であると述べた。多くの被害者が、この反省とお詫びを表明した橋本首相からの手紙を受け取ったことで呼び起こされた深い心の揺れについて、直接または手紙でハマー氏に伝えてきている。財・サービスの提供の第一次分がこの首相からの手紙（精神／気持ち）を伴ってそれぞれの被害者の手元に送られたことは非常に大きな意味を持っており、これらにより「態度」も表明されたといえる。また、PICNに対するアジア女性基金の前向きで協力的な姿勢は同基金の熱意を表すものであり、被害者らの幸せを心から願う誠意と献身の表れ、すなわち「態度」を表明するものであった、とPICNは考える。

＊附属文書
X婦人の事例
X婦人の悲劇的なケースへの対応は、アジア女性基金の献身的な態度を顕著に表した例の一つと言える。X婦人が日本人である2人の息子に最後に会ったのは1946年だった。彼女と夫であるX氏（X氏は1946年この2人の男の子を養子とすることを希望した）の結婚生活は子供にも恵まれた幸せなものだったが、日本人の息子2人を手放さなければならなかったX婦人の悲しみと苦痛は決して癒えることはなかった。現在70歳のX婦人は独居で病気がちであり、この2人の息子の消息を案じ非常に苦しんでいる。X婦人はこれまで既に何年もの間、個人探偵を通じて息子たちの行方を探し続けてきた。個人探偵は日本人を片親に持つオランダ人の子供からの依頼で彼らの日本人の父親の捜索に関わったという経験が何件もあり、捜索に成功していた。しかし個人探偵が力を尽くしたにも関わらず、プライバシー保護を理由に厚生省が本国送還人リストの公表を拒否したため、X婦人の息子らの捜索は完全に行き詰まってしまった。個人探偵は、行方不明児捜索の鍵はこのリストに隠されていると確信している。この間PICNも、在オランダ日本大使館や在日オランダ大使館を通じて解決方法を探ったが、解決への糸口は得られなかった。このためPICNはアジア女性基金にこの件を知らせた。X婦人は第二次世界大戦中、日本軍の軍人ら—とりわけ一人の将校—から非常に残虐かつ非道な性的暴力を受けており、耐え難い苦しみを背負ってきたため、アジア女性基金が真摯な誠意と熱意を持ってこの件に対応したことは幸いなことだった。PICNは、2人の行方不明児の捜索にあたりアジア女性基金が示した誠意と努力に心から感謝する。しかし、アジア女性基金の助力を得ても、本件は解決に至らなかった。

このため、PICNは日本の美智子皇后陛下に書簡を送った。そして、天皇皇后両陛下のオランダ公式訪問の際に、ハウザー元将軍とハマー氏が皇后陛下と直接言葉を交わす機会に恵まれ、この時の会話の中で皇后陛下より、この件に対し深い悲しみを感じ、皇后陛下自らが日本赤十字社に最優先でこの件について調査をするよう指示したことを伝えられた。これは非常に力付けられる言葉だった。その後、日本赤十字社は数ヶ月かけて捜索調査を行ったが、残念ながら最終的に満足のいく結果を出すことはできなかった。これはX婦人にとって非常につらい結果報告だった。個人探偵は現在も引き続き彼等の捜索を続けている。

実施計画
PICNは1999年3月および2000年3月に各年の活動実施計画をアジア女性基金に提示した。

死亡した対象者
1998年に5人、1999年に1人、2000年に2人の対象者が亡くなられた。彼らに対する事業は法定相続人へ引き継がれた。

貯蓄口座
1999年8月11日、PICN会計担当のR.A.ペーター氏は、より高額の利子を得るため貯蓄口座を開設し、普通口座の資金の一部を貯蓄口座に移動した。
2000年8月7日、ペーター氏はこの貯蓄口座を解約し、この口座にあった資金とこの間の利子を再びPICN普通口座に戻した。

全収入および支出の報告
PICNの全収入および支出については、会計業務を委託したDeloitte en Toucheができる限り早期に作成することになっている会計報告の中で報告される予定。

アジア女性基金による対象者の反応についての記者発表
アジア女性基金は日本の一般国民と日本政府の相互協力の上に成り立っている組織であるため、同基金では活動内容を常に公表することを重要課題としている。このため、PICNはアジア女性基金から、被害者らが本事業をどのような気持ちで捉えているのか、また反省とお詫びを表明した橋本元首相からの手紙を受け取ったことでどのような感情の揺れがあったのか、などについて情報を求められていた。
1999年2月、読売新聞社の特派員がハマー氏同席の元でオランダ国籍の元従軍慰安婦2人にインタビューを行った。このインタビューの中で2人は第二次世界大戦中に受けた苦しみについて率直に語り、また同時に本事業への前向きな理解も示した。
2000年内にはハマー氏からも、橋本元首相からの反省とお詫びを表明する手紙を受け取ったこととこの事業を受け取ったことに対する感動と感謝の気持ちをつづった対象者らからの手紙が幾つか送られてきた。当然こうした手紙の中の個人情報は全てハマー氏により削除されている。

PICNの活動終了後の個人情報ファイルの取り扱い
償い金の最終支給終了後、ハマー氏は全対象者に対し、今後PICNがそれぞれの個人情報ファイルをどのように取り扱うことを希望するか聞いた。(PICNはこの質問をし、各対象者の返答通り実行する法的義務がある。) 取り扱い方法として以下の3つの選択肢が上げられた。
　a)　ファイルを破棄する。
　b)　ファイルを対象者に返却する。
　c)　ファイルをオランダ戦争関連文書研究所(Dutch Institute of War Documentation)(NIOD)に寄贈する。

40人の対象者が自分の個人情報ファイルの破棄を望んだ。破棄処理は機械で行い、破棄終了後に対象者にファイルが破棄されたことを報告した。
20人の対象者が自分の個人情報ファイルの返却を望んだ。これらのファイルは書留郵便で返送された。
18人の対象者が自分の個人情報ファイルをNIODへ寄贈することを望んだ。これらのファイルは2001年2月に寄贈される予定であり、寄贈後にそれぞれの対象者に報告がなされる。

結論
PICN設立以降、活動終了日まで、全委員および顧問が意欲的に「生活改善事業」を最良の形で実現させるという任務を果たすべくそれぞれの実務にあたってきた。委員会の熱意は素晴らしいものだった。PICNの委員および顧問、アジア女性基金の代表者、在オランダ日本大

使館、日本側のオブザーバーなど各関係者間の関係も全て前向きで良好なものだった。小さな問題は相互間の理解と敬意を持って無理なく解決できた。

「オランダにおける生活改善事業」は成功した。

事業開始と同時に、また事業実施以前からも活発に展開されてきた広報活動のおかげで、世界各地にいた被害者と接触することができ、申請を受けることができた。PICNでは全ての申請を慎重かつ公正に検証し判断した。また全てのケースで、関係する人々への配慮を怠らず、優しさと忍耐を持って取り組んできた。

非常にデリケートな問題を取り扱っているため、PICNはメディアに対して常に沈黙を守り冷静に対応してきた。

被害者に対しては常に正確な情報を提供し、理解と優しさ、忍耐、敬意を持って接してきた。中には当然、他の人より多くの配慮を必要とする対象者もあった。聞き手を必要とする被害者は、個人情報管理担当者を訪れた。ハマ一氏はこうした被害者から話を聞くことの重要性を理解した。長い年月心の中に隠し続けてきた秘密を、申請書に記すことで初めて外に明かした、という被害者も数人いた。絶対的な秘密厳守の約束の上に築かれたハマ一氏と被害者らとの関係そのものが、ある種の癒しになっていると見られた。これらのやりとり（電話、手紙または直接面会による）は年を追うごとに密度を増しており、PICNの活動終了後も引き続き存続することになるのではないかと思われる。

前述のように、橋本元首相からの反省とお詫びを表明した手紙を受け取ったことは、被害者にとって非常に重要な意味を持っていた。ハマ一氏の元には、この手紙を受け取ったことで生じた深い感動と、事業を受け取ったことに対する感謝の気持ちを伝える手紙が、多くの対象者から寄せられた。ある対象者は、「私は日本政府よりもアジア女性基金からの償い金を受け取ることを望みます。それはこのお金が、過去に私の身の上に起こったことに対する心からの謝罪の気持ちをこのお金を通じて表したいという日本の国民からの贈りものだからです。日本政府が補償金を支払うのは、法的な訴訟を起こされたのでやむを得ず支払う、という場合だけです」と言っている。

PICNの事業により、多くの対象者の生活状況がかなり改善された。しかし残念ながら一方で、X婦人（附属文書参照）は未だにつらい状況に置かれている。2人の息子たちについて良い知らせがもたらされ、真の意味で彼女の生活が改善されたとき初めて、PICNはその任務を成功裏に完遂することができたと言うことができるだろう。

PICNの委員および顧問は皆、生活改善事業が対象者らに数多くの良いもの—金銭に換算されるものだけでなく、理解と名誉回復—をもたらしたことを実感しており、これまでの活動を振り返って自らにこの任務が与えられたことに深く感謝している。

PICNはその設定期限（2001年2月）に公式確認を持って正式にその活動を終了する。

ハーグ　2001年1月
オランダ事業実施委員会委員および顧問代表
オランダ事業実施委員会委員長　M.J.ハマ一博士

韓国における事業終了に関する石原信雄副理事長の発表

2002（平成14）年2月20日
副理事長 石原信雄

1. アジア女性基金のフィリピン、韓国、台湾における「償い事業」は、それぞれ実施期間を定めて実施しておりますが、これらの事業は開始からそれぞれ5年間で終了することとなっておりました。

2. さて、1997年1月11日に開始された韓国での事業は、諸般の事情、特に韓国側ではその実施についての反対もあり、1999年7月30日の理事会の決定により停止状態にありました。そのため、当初の終了期日と発表していた、本年1月10日には、終了せず停止状態を続ける旨、昨年12月17日の理事会で決定しました。

3. その後、各方面と折衝・協議の結果、状況を変える可能性がないことから、去る2月15日に開かれた理事会において、本日をもって停止状態を解き、この「償い事業」全体の終了日と想定していた5月1日に、韓国での事業についても終了することを決定しました。

4. なお、まもなくこの事業は終了いたしますが、「慰安婦」の方々に対し、日本政府および日本国民が示す、深い反省と歴史の教訓とする決意は不変であります。

募金への御礼—アジア女性基金の償い事業にご協力下さったみなさまへ

2002（平成14）年10月
理事長 村山富市

　財団法人女性のためのアジア平和国民基金（略称アジア女性基金）は、発足以来7年になります。
　このたび、フィリピン、韓国、台湾における償い事業の実施が終了いたしました。「慰安婦」とされた方々にお届けする「償い金」のための募金に協力いただいたみなさまに感謝し、厚く御礼申し上げます。

　「慰安婦」は、先の大戦の時期に、当時、旧日本軍の関与のもとに設置された慰安所で将兵に対し性的行為を強いられた女性たちです。慰安所において、多くの女性が名誉と尊厳を深く傷つけられ、心身にわたり癒しがたい傷を負われました。
　1993年8月4日、内閣官房長官談話によって日本政府がお詫びと反省を表明して以来、政府と国民は償いを行う道を模索してまいりました。
　1995年7月19日、道義的な責任を痛感した政府の決定により、政府と国民が協力して国民的な償い事業等を行う「女性のためのアジア平和国民基金」が発足いたしました。
　アジア女性基金は政府の決定を得て、国民的な償い事業の内容を、国民の募金を原資とす

る「償い金」と政府拠出金を原資とする医療・福祉支援を、総理大臣のお詫びの手紙とともに、元「慰安婦」一人ひとりにお届けすることと定め、国民のみなさまに対して募金活動の呼びかけを開始しました。そして、96年8月13日よりフィリピンにおいて、97年1月11日より韓国において、また同年5月2日より台湾において、国民的な償い事業を開始しました。事業期間は、高齢になられた方々に対し、一刻も早く事業を実施したいとの強い思いから、5年間と定め、2001年8月にはフィリピン、2002年5月には、韓国、台湾で申請の受付を終了し、このたびこれらの国・地域における償い事業の実施を終えました。

　これらの国・地域で、285人の方々に償い事業をお届けいたしました。償い事業を受け取られた方々からは、「このような総理のお詫びやお金が出るとは思いませんでした。日本のみなさまの気持ちであることもよくわかりました。」など多くの声が寄せられています。

　発足時より今日まで国民のみなさまからいただいた募金の総額は、5億6500万円余に達し、これは全額フィリピン、韓国、台湾の元「慰安婦」の方々のもとへお届けいたしました。ここに国民のみなさまに対して、心より感謝を申し上げます。このように、政府と国民が協力して、これらの国・地域で国民的な償いの事業を実施できたこと、そしてアジア女性基金が事業を担うことができたことを嬉しく思います。

　しかし、これらの国・地域では、アジア女性基金の償い事業に対して、日本政府が法的責任を認めて国家による個人補償をすべきだとする立場から、この償い事業を批判する元「慰安婦」の方々や支援団体もおられます。アジア女性基金としては、これらの方々の理解を得るため真摯に対話の努力を試みました。

　なお、オランダの元「慰安婦」の方々に対しては、98年から2001年にかけて、政府拠出金を原資とする医療・福祉支援事業をおこない、オランダ事業実施委員会を通じて79人の方々にお届けいたしました。その際、一人ひとりの元「慰安婦」にコック首相あての橋本総理大臣のお詫びの手紙の写しが添えられました。また、インドネシアにおいては、アジア女性基金がインドネシア政府との覚書に基づき、97年3月から10年間を目処に、同政府が実施する高齢者社会福祉推進事業を支援することになり、現在実施中です。

　アジア女性基金は、償いの事業を進めることと併行して、女性をめぐる今日的な問題の解決のための事業を推進してきました。それは、「慰安婦」という忌むべき制度を生み出した過去の日本に対する厳しい反省に基づくものです。また、「慰安婦」問題を歴史の教訓として、この問題の認識の発展に努めてまいりました。歴史資料の収集、調査、分析も、それに基づく啓発活動も、この問題を永く国民の記憶にとどめ、同じ過ちを決して繰り返さないという決意に基づくものです。これらの事業はアジア女性基金の重要な活動であり、今後とも取り組んでまいりたいと考えております。　引き続き、国民のみなさまからの暖かいご理解とご支援を心よりお願い申し上げます。

2002年10月
財団法人女性のためのアジア平和国民基金
理事長　村山　富市

・募金の収支状況　　　（2002.9.30現在）

募金収入総額	565,005,636円
＜支出内訳＞	
「償い金」	570,000,000円
外為差損等	80,416円

```
募金支出総額           570,080,416円
募金不足額            △5,074,780円

(注)募金の不足額は、基本財産の一部をあてました。
```

いわゆる従軍慰安婦問題に対する日本政府の施策

2003(平成15)年1月
外務省アジア地域政策課

　日本政府は、いわゆる従軍慰安婦問題に関して、平成3年(1991年)12月以降、全力を挙げて調査を行い、平成4年(1992年)7月、平成5年(1993年)8月の2度にわたり調査結果を発表、資料を公表し、内閣官房において閲覧に供している。また、平成5年(1993年)の調査結果発表の際に表明した河野洋平官房長官談話において、この問題は当時の軍の関与の下に、多数の女性の名誉と尊厳を深く傷つけた問題であるとして、心からのお詫びと反省の気持ちを表明し、以後、日本政府は機会あるごとに元慰安婦の方々に対するお詫びと反省の気持ちを表明している。

　いわゆる従軍慰安婦問題が多数の女性の名誉と尊厳を深く傷つけた問題であることから、日本政府及び国民のお詫びと反省の気持ちを如何なる形で表すかにつき国民的な議論を行った結果、平成7年(1995年)7月19日、元慰安婦の方々に対する償いの事業などを行うことを目的に財団法人「女性のためのアジア平和国民基金」(略称:「アジア女性基金」)が設立された。日本政府としても、この問題に対する道義的な責任を果すという観点から、同年8月、アジア女性基金の事業に対して必要な協力を行うとの閣議了解を行い、アジア女性基金が所期の目的を達成できるように、その運営経費の全額を負担し、募金活動に全面的に協力すると共に、その事業に必要な資金を拠出する(アジア女性基金設立以降平成13年度末まで、約38億円の予算を支出)等アジア女性基金事業の推進に最大限の協力を行っている。

1．アジア女性基金への協力

　日本政府はアジア女性基金と協力し、慰安婦問題に関連して各国毎の実情に応じた施策を行ってきている。アジア女性基金の事業は着実に進展しており、このうち、フィリピン、韓国、台湾における償い事業は平成14年9月末に終了したが、事業を受け取った元慰安婦の方からは感謝の声が寄せられている。
　また、アジア女性基金は、オランダ及びインドネシアにおいてもそれぞれ国情に応じた事業を実施しており、このうちオランダにおける事業は平成13(2001)年7月に成功裏に終了した。日本政府は、今後ともアジア女性基金と協力しつつ、引き続き、関係各国・地域における政府・当局及び関係者の理解を得るよう努力したいと考えている。

　(1) フィリピン、韓国、台湾
　　　アジア女性基金は、各国の政府等が元慰安婦の認定を行っているフィリピン、韓国、台湾においては、既に高齢である元慰安婦個々人の意思を尊重し、事業を受け取りたいとの意思を表す方がいれば事業を実施するとの基本方針の下、元慰安婦の方々に

対し、国民の募金を原資とし日本国民の償いの気持ちを表す「償い金」をお届けするとともに、日本政府からの拠出金を原資とし元慰安婦の方々の医療・福祉分野の向上を図ることを目的とする医療・福祉支援事業を実施している。その際、日本政府を代表し、この問題に改めてお詫びと反省の気持ちを表す内閣総理大臣の手紙が元慰安婦の方々に届けられている。これらの国・地域における事業は平成14年（2002年）9月末に終了したが、事業内容は以下の通り。

 （イ）総理の手紙
   日本政府は、これまで様々な機会に、いわゆる従軍慰安婦問題について、お詫びと反省の気持ちを表明してきたが、以下（ロ）（ハ）のアジア女性基金の事業が行われる際に、この問題に関し、総理が日本政府を代表して改めて心からのお詫びと反省の気持ちを表す手紙を直接元慰安婦の方々にお届けすることとしている。

 （ロ）国民的な償いの事業
   日本政府は、いわゆる従軍慰安婦問題について、国民の啓発と理解を求める活動を行い、アジア女性基金が行ってきた国民的な償いを行うための民間からの募金活動に最大限協力してきた。
   その結果、アジア女性基金は、国民個人、民間企業、労働団体さらには、政党、閣僚などからの共感を得て、現在までに基本財産への寄附を含め、総額約5億9,800万円の募金が集まっている。
   アジア女性基金は、それらの募金を原資とし、平成8年（1996年）7月、韓国、フィリピン、そして台湾における元慰安婦の方々に対して、一人当たり200万円の「償い金」をお渡しすることを決定した。
   上記「償い金」をお渡しするに際しては、総理の手紙とともに償いの事業の趣旨を明らかにしたアジア女性基金理事長の手紙及び国民から寄せられたメッセージを併せて届けている。

 （ハ）政府資金による医療・福祉支援事業
   日本政府は、道義的責任を果す事業の一つとして、韓国、フィリピン、台湾における元慰安婦の方々に対するアジア女性基金による医療・福祉支援事業に対して、5年間で総額約7億円規模の財政支出を行うこととしている。
   本事業の内容は、例えば、(a)住宅改善、(b)介護サービス、(c)医療、医薬品補助等であるが、元慰安婦の方々の置かれている実情に沿うものとすべく、相手国政府、さらには関係団体等と協議しつつ、更なる具体化を図り実施している。

(2) インドネシア
 日本政府は、アジア女性基金とともに、日本国民の償いの気持ちを表すためにインドネシアにおいてどのような事業を行うのが最もふさわしいかにつき検討してきたが、インドネシア政府が、元慰安婦の特定が困難である等としていることから、元慰安婦個人を対象とした事業ではなく、同国政府から提案のあった高齢者社会福祉推進事業（保健・社会福祉省の運営する老人ホームに付属して、身寄りのない高齢者で病気や障害により働くことの出来ない方を収容する施設の整備事業）に対し、日本政府からの拠出金を原資として、10年間で総額3億8千万円規模の支援を行うこととし、平成9年（1997年）3月25日にアジア女性基金とインドネシア政府との間で覚書が交わされた。

なお、同施設への入居者については、元慰安婦と名乗り出ている方や女性が優先されることとなっており、また、施設の設置も、元慰安婦が多く存在したとされる地域に重点的に設置されることとなっている。これまでに20カ所の高齢者福祉施設が完成し、計約200名（平成14年（2002年）9月現在）が入寮している。

　（3）オランダ
　　　オランダにおいては元慰安婦の方々の認定が行われていないことを踏まえ、日本政府は、アジア女性基金とともに、日本国民の償いの気持ちを表すために如何なる事業を行うのがふさわしいかにつきオランダ側の関係者と協議しつつ検討してきた。その結果、平成10年（1998年）7月15日、アジア女性基金とオランダ事業実施委員会との間で覚書が交わされ、いわゆる従軍慰安婦問題に関し、先の大戦中心身にわたり癒しがたい傷を受けた方々の生活状況の改善を支援するための事業を同委員会が実施することとなった。
　　　アジア女性基金は、この覚書に基づき、日本政府からの拠出金を原資として、同委員会に対し3年間で総額2億4150万円の財政的支援を行い、同委員会は79名の方に事業を実施した。この事業は、平成13年（2001年）7月14日、成功裏に終了した。

　（4）歴史の教訓とする事業
　　　アジア女性基金は、このような問題が二度と繰り返されることのないよう歴史の教訓として未来に引き継いでいくべく、日本政府と協力しつつ、慰安婦問題に関連する資料の収集・整理等を積極的に行っている。

2．女性の名誉と尊厳に関わる今日的な問題への積極的な取り組み

　日本政府は、女性に対する暴力などの今日なお存在する女性問題を解決すべく積極的に取り組んでいくことも、将来に向けた日本の責任であると考えており、アジア女性基金が行っている今日的な女性問題の解決に向けた諸活動に政府の資金を拠出する等の協力を行っている。
　アジア女性基金は、このような活動として、既にこれまでにも、

　（1）今日的な女性問題をテーマとする国際フォーラムの開催（平成9年（1997年）11月には、女性及び子供に対する国際的人身売買並びに商業的性的搾取をテーマにフィリピン政府と共催にて、UNICEF、ILO、ESCAP等の後援を得て開催。平成10年（1998年）11月には、国際的人身売買をテーマにタイ政府、ESCAP、ILO、IOMと共催。平成11年（1999年）9月には、日本政府の後援の下、女性に対する暴力をテーマに開催）。

　（2）今日的な女性問題に取り組むNGOが行う広報活動の支援。

　（3）女性に対する暴力など今日的な女性問題の実態や原因究明及びその予防についての調査研究事業。

　（4）このような問題に悩む女性へのカウンセリング事業及び効果的なカウンセリングを行うためのメンタルケア技術の研究、開発事業などにも積極的に取り組んできている。今日的な女性問題に関する国際的な相互理解の増進という観点からも、今後ともこのよう

な活動の実施が期待される。

3．国連人権フォーラムでの議論

　日本のいわゆる従軍慰安婦問題に対する以上のような取り組みは、平成9年（1997年）8月、国連人権委員会の下部機関である差別防止・少数者保護小委員会において、本問題の解決に向けてこれまでなされた「前向きの措置（positive steps）」であると評価する趣旨の決議がなされている。更に、平成10年（1998年）のクマラスワミ報告書も、日本の慰安婦問題に対する取り組みを「歓迎すべき努力（welcome efforts）」と評価しており、我が方としては、本問題に関する日本のこれまでの取り組みに対し、国際社会が一定の理解を示していると考えている。今日的な女性問題に関する国際的な相互理解の増進という観点からも、今後ともこのような活動の実施が期待される。

アジア女性基金の2007年解散方針に関する村山富市理事長の発表文

2005（平成17）年1月24日
理事長　村山富市

アジア女性基金の現状と今後について

本年、アジア女性基金は、1995年（平成7年）の設立から10年目を迎えます。この機会に、基金の現状と今後についてご報告いたします。

1．償い事業の経過
　（1）国民のみなさまからの拠金による償い金、政府予算からの医療・福祉支援事業および内閣総理大臣のお詫びの手紙からなる基金の償い事業は、フィリピン、韓国、台湾で行われ、「慰安婦」とされた285名の方々に実施することができました。また、オランダでは、政府予算からの医療・福祉支援事業と内閣総理大臣のお詫びの手紙からなる償い事業を79名の方々に実施しました。これらの事業はいずれも2002年（平成14年）9月までに終了しました。
　（2）インドネシアでは、政府予算からの高齢者社会福祉推進事業がインドネシア政府との合意のもとに実施されており、この事業は2007年3月末（平成18年度）には終了する予定です。
　（3）以上のように、2007年3月には基金の償い事業がすべて終了いたしますので、基金は同年3月末日をもって解散することにいたします。

2．これまでの基金事業
　（1）償い事業の実施に際しては国内でも海外でもさまざまな意見があり、種々の困難に直面しました。しかし、多くの方々のご理解とご支援により、受け取りを希望された元「慰安婦」の方々への償い事業を実施することができました。その意味において、基金の償い事業は基本的にその目的を達成することができたと考えております。
　（2）事業を受けられた元「慰安婦」の方々からは、心身に被った傷を消し去ることはできないとしながらも、基金が国民のみなさまの償いの気持ちをふまえてねばり強く「慰安婦」

問題に取り組んできたことに対して、一定のご理解と評価が得られたと考えております。これに関連して、みなさまが拠金とともにお寄せくださったお詫びの言葉や償いの気持ちを元「慰安婦」の方々にお伝えいたしましたことも、ご報告いたします。基金の活動に対しては、国連等の人権諸機関も一定の評価を与えております。

(3) 基金はまた、「慰安婦」問題に関する歴史資料の収集と編集、公刊に力を尽くし、募金活動の中でも「慰安婦」問題についての認識と理解を社会に広める活動を行ってまいりました。募金活動へのみなさまの積極的な参加もあり、「慰安婦」問題についての認識と理解を高めることに寄与することができたと考えております。

(4) 基金は、「慰安婦」問題の反省に立ち、償い事業と併行して、今日の女性が直面する人権侵害問題について、被害者の保護と女性への暴力の予防を中心とする女性尊厳事業を実施してきました。具体的には、武力紛争下における女性の人権、人身売買、ドメスティック・バイオレンスなどについて調査や啓発活動を行い、社会の意識を高めることに努力してきました。また、国連等の国際機関や地方公共団体、NGOなどと協力して事業を行い、これらの諸団体と新しい協力関係を構築することができました。

3. 今後の基金の活動と政府への要望

(1) 基金は、償い事業終了後も、高齢となられた元「慰安婦」の方々に対して基金の出来る範囲内でのアフターケアを行って参りました。これは今後も引き続き行って参りますが、この問題は2007年3月の基金解散後もきわめて重要な課題であると考えます。元「慰安婦」の方々が心身共に平安に暮らして行くことができるよう、この点に関する元「慰安婦」の方々からの要望を真摯に受けとめ、基金内部でさらに検討し、元「慰安婦」の方々へのみなさまの償いの気持ちを踏まえて政府が適切に対応するよう強く要望し、政府と協議を重ねて参ります。

(2) 基金は、これまでに引き続き、「慰安婦」問題に関する歴史資料を収集・刊行すると同時に、基金の事業を含む「慰安婦」問題への取り組みについて、日本のみなさまと、また世界の人々と共に考え、「慰安婦」問題を歴史の教訓とするよう、努力して参ります。こうした活動により、お詫びと償いの気持ちを拠金等の形で示してくださったみなさまのお気持ちをできる限り被害者の方々と被害国の国民に知っていただき、元「慰安婦」の方々が少しでも平安な生活を送ることができるよう、努力を重ねて参ります。

(3) 基金は、女性に対する暴力、女性の人権問題に関する今日的課題について取り組んできたこれまでの基金の活動と精神を生かして、政府がこれらの問題に適切に取り組み続けるよう、要望して参ります。

おわりに、拠金者の方々をはじめ、アジア女性基金の事業にご協力を賜りましたみなさま方に、心より感謝申し上げます。2007年3月の解散までの残された二年間も、引き続きご理解とご支援をお願い申し上げます。

平成17年1月24日

財団法人女性のためのアジア平和国民基金
（アジア女性基金）
理事長　村山富市

アジア女性基金の2007年解散方針発表に関する内閣官房長官記者発表

2005（平成17）年1月24日
内閣官房長官 細田博之（副長官山崎正昭代行）

1. 本日、村山富市アジア女性基金理事長は、インドネシア事業が終了する平成19年3月を一つの区切りとして、基金を解散するとの方針を発表した。

2. アジア女性基金は、いわゆる従軍慰安婦問題への対応についての国民的な議論を踏まえ、元慰安婦の方々への支援事業や、女性の名誉と尊厳一般に関わる事業等を実施してきた。政府としても、本問題に対する国民の真摯な気持ちを支えに、基金に最大限の協力を行ってきた。

3. 基金は設立以来着実な成果を上げ、償い金を受け取られた元慰安婦の方々からは感謝の意が寄せられている。約6億円に上る募金をしていただいた拠金者をはじめ、基金にご協力いただいた国民の皆様、村山理事長、故原文兵衛前理事長他基金関係者に対し深い敬意と感謝の意を表したい。

4. 基金は、今後も解散までの間、様々な事業を実施するとともに、解散後の課題についても検討されるものと承知している。政府としては引き続き誠意をもって基金に対して可能な協力を行っていく考えである。

戦後60年にあたり内閣総理大臣談話

2005（平成17）年8月15日
内閣総理大臣　小泉純一郎

　私は、終戦六十年を迎えるに当たり、改めて今私たちが享受している平和と繁栄は、戦争によって心ならずも命を落とされた多くの方々の尊い犠牲の上にあることに思いを致し、二度と我が国が戦争への道を歩んではならないとの決意を新たにするものであります。

　先の大戦では、三百万余の同胞が、祖国を思い、家族を案じつつ戦場に散り、戦禍に倒れ、あるいは、戦後遠い異郷の地に亡くなられています。

　また、我が国は、かつて植民地支配と侵略によって、多くの国々、とりわけアジア諸国の人々に対して多大の損害と苦痛を与えました。こうした歴史の事実を謙虚に受け止め、改めて痛切な反省と心からのお詫びの気持ちを表明するとともに、先の大戦における内外のすべての犠牲者に謹んで哀悼の意を表します。悲惨な戦争の教訓を風化させず、二度と戦火を交えることなく世界の平和と繁栄に貢献していく決意です。

　戦後我が国は、国民の不断の努力と多くの国々の支援により廃墟から立ち上がり、サンフランシスコ平和条約を受け入れて国際社会への復帰の第一歩を踏み出しました。いかなる問題も武力によらず平和的に解決するとの立場を貫き、ODAや国連平和維持活動などを通じて世界の平和と繁栄のため物的・人的両面から積極的に貢献してまいりました。

　我が国の戦後の歴史は、まさに戦争への反省を行動で示した平和の六十年であります。

　我が国にあっては、戦後生まれの世代が人口の七割を超えています。日本国民はひとしく、自らの体験や平和を志向する教育を通じて、国際平和を心から希求しています。今世界各地で青年海外協力隊などの多くの日本人が平和と人道支援のために活躍し、現地の人々から信頼と高い評価を受けています。また、アジア諸国との間でもかつてないほど経済、文化等幅広い分野での交流が深まっています。とりわけ一衣帯水の間にある中国や韓国をはじめとするアジア諸国とは、ともに手を携えてこの地域の平和を維持し、発展を目指すことが必要だと考えます。過去を直視して、歴史を正しく認識し、アジア諸国との相互理解と信頼に基づいた未来志向の協力関係を構築していきたいと考えています。

　国際社会は今、途上国の開発や貧困の克服、地球環境の保全、大量破壊兵器不拡散、テロの防止・根絶などかつては想像もできなかったような複雑かつ困難な課題に直面しています。我が国は、世界平和に貢献するために、不戦の誓いを堅持し、唯一の被爆国としての体験や戦後六十年の歩みを踏まえ、国際社会の責任ある一員としての役割を積極的に果たしていく考えです。

　戦後六十年という節目のこの年に、平和を愛する我が国は、志を同じくするすべての国々とともに人類全体の平和と繁栄を実現するため全力を尽くすことを改めて表明いたします。

アジア女性基金活動報告

2006（平成18）年11月19日
専務理事　和田　春樹

「従軍慰安婦」と呼ばれる人々の問題が社会的に浮上したのは、1990年のことだった。宮沢内閣はすばやく対応し、91年12月政府資料の調査が開始された。ソウルで被害者16人からの聞き取りも実施された。その結果が1993年8月4日の河野洋平官房長官談話となったのである。河野談話の認識と判断は村山内閣から安倍内閣まで歴代の内閣が継承した政府の公式的な立場であり、それこそアジア女性基金の活動の基本前提に他ならない。

慰安婦問題に対する謝罪と反省をどのような政策にあらわすかということは村山内閣において決定され、1995年6月14日、五十嵐官房長官から発表された。慰安婦とされた方々への償いと今日的な女性の尊厳をまもるために基金が設立されることになった。理事会と運営審議会は1995年7月19日に構成された。基金の本質は、政府の決定によって設立された、政府の政策を実施するための、政府予算によって運営維持される事業体であった。基金の中では、純然たる民間のヴォランティヤである呼びかけ人、理事、運営審議会委員が、有給の事務局長および職員とともに、活動した。

まず基金の呼びかけ人による「よびかけ文」と村山総理の「ごあいさつ」が1995年8月15日の朝、全国紙6紙に全面広告の形で発表された。この広告において「基金は政府と国民の協力で」というスローガンが掲げられた。その日、発表された村山総理談話とアジア女性基金はかくしてひとつに結ばれた。8月15日の6紙全面広告は日本政府と基金の謝罪と償いの不退転の意思を内外に宣明したのである。

基金の国民的償い事業のかたちは1996年9月になって定式化された。まず、第一の柱は、総理の手紙を被害者個人に渡すことである。基金は、これに理事長の手紙を添えることにした。第二の柱は国民募金から償い金を支給することである。一人あたり200万円と決定された。第三は、医療福祉支援事業である。これは政府がその責任を果たすために、政府資金により、基金を通じて犠牲者に対して医療福祉支援事業を実施するものだとの位置づけがあたえられた。この規模は、各国の物価水準を勘案して決定され、韓国と台湾、それにオランダについては、一人あたり300万円相当、フィリピンについては120万円相当と定められた。

基金はすべての国の慰安婦に対して事業をおこなうつもりであり、さしあたり条件が整っていたフィリピン、韓国、台湾に対する事業を考えることから出発した。8月15日新聞広告が出たその日のうちに1455万円の拠金がよせられ、年末には募金額は1億3375万円になった。1996年3月には2億円をこえ、4月には3億円をこえ、6月には4億円をこえた。拠金は主として総理以下の閣僚の拠金、官庁の職場募金と個人の拠金である。個人の拠金には、慰安婦犠牲者に謝罪する国民の思いをつづった感想がつけられているのが普通である。人々は自分たちも出すので政府にも償いのための資金を出してほしいという考えを書き送ってきた。募金額はその後は少しづつしか増えなかったが、2000年には再度キャンペーンをおこない、最終募金総額は5億6500万円になった。

フィリピンでは、フィリピン政府の全面的な協力をえた。基金は広告を出して、申請をうけつけた。申請書類はフィリピン政府司法省を中心としたタスクフォースが審査して、認定されると、基金から償い金が届けられ、フィリピン社会開発省を通じて各人に医療福祉支援が行なわれ

た。国家補償を求める運動団体リラ・ピリピーナが老いた被害者が決断して望むのであれば、その決定を尊重して申請の援助をすると決めてくれたことが大きな意味をもった。フィリピンでは、申請者の大多数が日本軍の占領地域にあって、兵士に拉致監禁され、一定期間レイプされつづけたという人である。

　韓国と台湾では、韓国政府と台北市婦援会がすでに認定をおこなっていたことを基礎に事業を行った。政府と運動団体が基金事業の実施に反対しているもとでは、事業は非公開で行われざるをえなかった。韓国では、1997年1月11日、ソウルで七名の方々に事業を実施した。台湾では、頼浩敏弁護士が基金の窓口を引き受けてくれ、97年5月新聞広告を出して、申請を呼びかけ、申請を出した人々に非公開で事業を実施した。

　フィリピン・韓国・台湾でのアジア女性基金の事業は予定された事業実施期間5年が過ぎたところで2002年9月終了された。その時点で基金はこの2国1地域で285人に事業を実施したと発表した。国民からの募金は全額が被害者に渡されたことになる。

　オランダでは1998年7月に医療福祉支援事業のみの償い事業が実施された。ここでは民間の活動家により基金事業実施委員会がつくられ、事業の広告、申請の受付、そして被害者認定をおこなった。認定された被害者全員に政府資金による医療福祉支援金300万円が渡された。橋本首相のコック首相あてのお詫びの手紙のコピーも渡された。約90名といわれる被害者のうち、79名に実施された。

　基金をうけとった被害者たちは一様に、総理大臣の手紙に意義を認め、長年の苦しみがいささかなりと、いやされ、心がやすらかになったと語っている。償い金、医療福祉支援、医療福祉支援金はそれなりに被害者の生活を助けることができたと考える。

　インドネシアでは、同国政府の方針により政府資金3億8000万円で高齢者福祉施設の建設を行ってきた。10年間で、本年度末までに69の施設が建てられた。最終年度において元慰安婦のための高齢者福祉施設が複数件含められたのは幸いであった。

　歴史の教訓とする事業では、政府調査資料を全5巻の資料集として出版した。これは本年末には龍渓書舎のご了解をえて、電子版がアップされる予定である。

　アジア女性基金はフィリピン、韓国、台湾、オランダ、インドネシアに対して償いの事業を実施した。このうち韓国、台湾では、慰安婦と認定された人々の過半が基金の事業をうけとらなかった。インドネシアでは、個人に対する償いの事業はついにおこなわれなかった。さらに中国、北朝鮮など、上記の国・地域以外の被害者に対しては、事業を実施することはできなかった。その意味で言えば、アジア女性基金を通じる日本政府の対処はなお未解決な部分をのこしたといわざるをえない。

　基金の終了は慰安婦問題の終わりを意味しない。生き残った被害者たちはいま生涯の最後の時期をすごしておられる。この方たちの心のやすらぎとくらしの安定のために、日本の政府と国民はひきつづき注意をはらいつづけていかなければならない。基金の事業の実施が政府と社会の公認をえられなかった韓国と台湾では基金の終了にあたって基金事業をうけとった被害者に対する寛容をお願いしたい。基金は終了後にアフターケアの事業を立ち上げるように努力をはらってきた。政府の形を変えた支援措置が望まれるところである。

　慰安婦問題を歴史の教訓とすることはひきつづき国の課題である。基金はデジタル記念館「慰安婦問題とアジア女性基金」をネット上に立ち上げ、あとに残そうとしている。

国際シンポジウムFINAL「12年の総括と未来への提言」にて報告

アジア女性基金解散記者会見における　理事長発言要旨

2007(平成19)年3月6日
理事長　村山富市

　財団法人女性のためのアジア平和国民基金(アジア女性基金)は、最後の事業としていたインドネシア事業を完了しましたので、2007年3月31日をもって解散することになりました。今日はみなさまにそのことを報告し、ご挨拶する機会とさせていただきます。

　アジア女性基金は、1993年8月4日の河野洋平官房長官談話に表現された慰安婦問題についての認識、そして反省とお詫びの気持ちをあらわす道として、1995年与党三党の合意にもとづいて、同年6月14日五十嵐広三官房長官によって設置が発表されました。基金の具体的な使命は、国民からの募金による償い金と政府資金による医療福祉支援を結合して、慰安婦とされた方々への国民的な償いの事業をすすめること、政府に代わって慰安婦問題についての歴史資料を整備し、歴史の教訓とすること、女性の尊厳を傷つけた過去の反省にたって、女性に対する暴力などの今日的な問題に対処する事業を援助することの三つでありました。

　慰安婦とされた方々への償い事業は、総理大臣のおわびの手紙と元慰安婦個人に対する償い金200万円および医療福祉支援をおわたしすることが基本的な形になりました。医療福祉支援はフィリピンでは120万円、韓国台湾では300万円です。最終的に、フィリピン、韓国、台湾では285人の元慰安婦を対象として事業を実施しました。オランダでは79人に対して一人あたり300万円の医療福祉支援がおこなわれました。
　国民からの募金約5億6500万円は全額が償い金にあてられました。医療福祉支援には政府資金約7億5000万円が支出されました。

　インドネシアでも、同じような事業の実施を基金は想定していましたが、インドネシアでは慰安婦の認定が行われていないことから、総額3億8000万円の高齢者福祉施設を10年間かけて実施することになりました。インドネシア社会省が指導する福祉施設は全国で235ですが、そのうち69カ所に基金の支援で施設がつくられました。
おおくは一般の高齢者施設ですが、最終年度に元慰安婦のための事業をしている民間団体が慰安婦とされた方々14人を入居させる施設を開設したこと、慰安婦問題にとりくんできた民間団体が計画した3つの施設をたてたことは、うれしい結果でした。

　歴史の教訓とする事業では、政府が収集し明らかにした資料を5巻本の資料集として公刊し、出版社龍渓書舎のご好意で、電子化して、ホームページにも載せることをしております。基金の終了後には、デジタル記念館「慰安婦問題とアジア女性基金」をインターネット上に立ち上げて、国立国会図書館のウェブ・アーカイブに残します。アドレスはhttp://warp.ndl.go.jp です。この国会図書館の外(そと)にもサーバを取得して、公開していくことを検討しています。

　このバーチャルな記念館が慰安婦問題を長く記憶し、アジアの諸国民と日本人の間の和解を促進する助けとなるように願っています。日本国民のみなさまも、諸外国のみなさまもぜひこのサイトを訪れ、「慰安婦」問題についての理解を次の世代に伝えていただければ幸いに存じます。

女性尊厳事業は、過去の反省に立って、今日の女性の尊厳を侵害する諸問題に取り組みました。ドメスティック・バイオレンスの問題にはいち早くとりくみ、被害者支援の立場から相談に当たる人の養成・研修をいたしました。武力紛争下における女性の人権に関する研究会や人身売買の問題などに関する国際会議を行い、女性と司法の問題についても活動をすすめました。出版した刊行物も120点、84万部に達しています。

　基金の解散にあたり、私たちはこの場を借りてこれまでにお亡くなりになられた多くの元慰安婦の方々のご冥福を心よりお祈り申し上げます。また今日なお多くの元慰安婦の方々が老いと病いと消えざる記憶の重みに耐えて、生きておられます。この方々のために、アフターケアをおこなっていくことは、重要な課題です。基金としては、政府に対して、生存しておられる元慰安婦の方々が安らかに暮らして行かれるのを温かく見守っていただけるように、くれぐれもお願いするものです。

　女性の尊厳事業は、いかなる意味でも取り組みを中断すべきものではありません。基金が解散しましても、政府として、この面でのとりくみを継続してくださるようにお願いいたします。

　最後に慰安婦とされた方々のために醵金をして、国民的な償い事業を支えて下さった国民の皆様、こころのこもったメッセージをよせて下さった方々に衷心より感謝の気持ちを表します。皆様のご支持があったからこそ、私たちは12年間アジア女性基金の活動をつづけることができたのです。
　アジア女性基金のなしとげたことは小さなことであったかもしれませんが、国民のみなさまの深いご支援なくしては、なしえなかったことです。その意味で、みなさまの示してくださった償いの気持ちが支えであり、すべての根源でありました。
この国民の気持ちが、アジアの方々に、さらに世界中の人々の心にとどまることを心より祈っております。
　ありがとうございました。

申し入れ書

2007年（平成19年）3月27日

外務大臣　麻生太郎様

　財団法人女性のためのアジア平和国民基金は1995年に政府と国民の協力によって創立され、爾来12年間、慰安婦とされた女性たちへの国民的な償いの事業と今日的な女性に対する暴力に対処する事業を進めてきました。このたび3月末日をもって解散することになりました。この間基金は政府と協力し、所期の目標をめざして努力してきました。政府が最後まで基金の活動に変わらぬ関心と支援をよせ、財政的な援助を続けて下さったことに対して、心から御礼申し上げます。

　解散にあたり、以下の諸点を申し上げる次第です。

1. アジア女性基金の解散後、慰安婦の方々に対するアフターケアをおこなっていくことが重要な課題です。この課題を担って下さる新しい民間団体の動きもございます。基金としては、ご存命の元慰安婦の方々が安らかに暮らしていかれるのを見守っていく活動に対して、政府が適切な支援をして下さるようにお願いいたします。
2. 慰安婦問題を歴史の教訓としていくことは、なお日本国民の課題です。この面でも政府のお働きに期待いたします。
3. 女性に対する暴力、女性の人権問題に対するとりくみは、基金の解散によって、弱められることがあってはなりません。政府がこの面での国際的なとりくみを堅持し、継続して下さるようにお願いいたします。

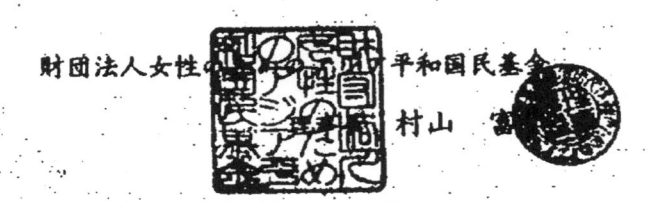

財団法人女性のためのアジア平和国民基金

村山　富市

アジア女性基金の理事会議事録および資料

内　　容	年　月　日	議事録	参考資料	新聞資料
第1回理事会（任意団体）	1995(平成07)年07月19日(水)	▶PDF	▶PDF	
第2回理事会（任意団体）	1995(平成07)年09月22日(金)	▶PDF	▶PDF	
第3回理事会（任意団体）	1995(平成07)年10月09日(月)	▶PDF	▶PDF	
第4回理事会（任意団体）	1995(平成07年)10月30日(月)	▶PDF	▶PDF	
第5回理事会（任意団体）	1995(平成07年)11月08日(水)	▶PDF	▶PDF	▶PDF

＜1995年12月8日　総理府および外務省共管の財団法人として設立許可される＞

内　　容	年　月　日	議事録	参考資料	新聞資料
第1回理事会	1995(平成07年)12月19日(火)	▶PDF	▶PDF	
第2回理事会	1996(平成08年)01月19日(金)	▶PDF	▶PDF	
第3回理事会	1996(平成08年)02月07日(水)	▶PDF	▶PDF	▶PDF
第4回理事会	1996(平成08年)02月22日(木)	▶PDF	▶PDF	▶PDF
第5回理事会	1996(平成08年)03月07日(木)	▶PDF	▶PDF	▶PDF
第6回理事会	1996(平成08年)04月17日(水)	▶PDF	▶PDF	▶PDF
理事懇談会	1996(平成08年)04月26日(金)		▶PDF	▶PDF
第7回理事会	1996(平成08年)05月09日(木)	▶PDF	▶PDF	▶PDF
三者合同懇談会	1996(平成08年)05月10日(金)		▶PDF	▶PDF
第8回理事会	1996(平成08年)05月24日(金)	▶PDF	▶PDF	▶PDF
第9回理事会／第18回運営審議会	1996(平成08年)06月04日(火)	▶PDF	▶PDF	▶PDF
第10回理事会	1996(平成08年)06月13日(水)	▶PDF	▶PDF	▶PDF
第11回理事会	1996(平成08年)07月10日(水)	▶PDF	▶PDF	▶PDF

第12回理事会／第20回運営審議会	1996(平成08年)07月16日（火）	▶PDF	▶PDF	▶PDF
第13回理事会／三者合同懇談会	1996(平成08年)07月19日（金）	▶PDF	▶PDF	▶PDF
第14回理事会／三者合同懇談会	1996(平成08年)07月30日（金）	▶PDF	▶PDF	▶PDF
第15回理事会／三者合同懇談会	1996(平成08年)08月06日（火）	▶PDF	▶PDF	▶PDF
第16回理事会／三者合同懇談会	1996(平成08年)08月08日（木）	▶PDF	▶PDF	▶PDF
第17回理事会／三者合同懇談会	1996(平成08年)08月13日（火）	▶PDF	▶PDF	▶PDF
第18回理事会／三者合同懇談会	1996(平成08年)08月20日（火）	▶PDF	▶PDF	▶PDF
第19回理事会／三者合同懇談会	1996(平成08年)10月03日（木）	▶PDF	▶PDF	▶PDF
第20回理事会／三者合同懇談会	1996(平成08年)10月15日（火）	▶PDF	▶PDF	▶PDF
第21回理事会／三者合同懇談会	1996(平成08年)11月07日（木）	▶PDF	▶PDF	▶PDF
第22回理事会／三者合同懇談会	1996(平成08年)12月16日（月）	▶PDF	▶PDF	▶PDF

第23回理事会／第26回運営審議会	1997(平成09年)01月11日（土）	▶PDF	▶PDF	
第24回理事会／三者合同懇談会	1997(平成09年)02月12日（水）	▶PDF	▶PDF	▶PDF
第25回理事会／三者合同懇談会	1997(平成09年)02月24日（月）	▶PDF	▶PDF	▶PDF
第26回理事会	1997(平成09年)03月27日（木）	▶PDF	▶PDF	▶PDF
第27回理事会	1997(平成09年)04月16日（水）	▶PDF	▶PDF	
第28回理事会	1997(平成09年)05月28日（水）	▶PDF	▶PDF	▶PDF
第29回理事会	1997(平成09年)09月22日（月）	▶PDF	▶PDF	▶PDF
第30回理事会	1997(平成09年)10月15日（水）	▶PDF	▶PDF	▶PDF
第31回理事会	1997(平成09年)11月11日（火）	▶PDF		▶PDF
第32回理事会	1997(平成09年)12月16日（火）	▶PDF	▶PDF	▶PDF
第33回理事会	1998(平成10年)02月13日（金）	▶PDF	▶PDF	▶PDF
第34回理事会	1998(平成10年)03月23日（月）	▶PDF	▶PDF	▶PDF
三者合同懇談会	1998(平成10年)05月19日（火）		▶PDF	▶PDF
第35回理事会	1998(平成10年)06月17日（水）	▶PDF	▶PDF	▶PDF
第36回理事会／三者合同懇談会	1998(平成10年)07月22日（水）	▶PDF	▶PDF	▶PDF
三者合同懇談会	1998(平成10年)10月13日（火）		▶PDF	▶PDF

第37回理事会/第44回運営審議会	1999(平成11年)01月28日(木)	▶PDF	▶PDF	▶PDF
第38回理事会/三者合同懇談会	1999(平成11年)02月10日(水)	▶PDF	▶PDF	▶PDF
第39回理事会	1999(平成11年)03月23日(火)	▶PDF	▶PDF	▶PDF
第40回理事会	1999(平成11年)06月04日(金)	▶PDF	▶PDF	▶PDF
三者合同懇談会	1999(平成11年)07月08日(木)		▶PDF	▶PDF
第41回理事会	1999(平成11)年10月18日(月)	▶PDF		▶PDF
第42回理事会	1999(平成11)年12月07日(火)	▶PDF	▶PDF	▶PDF
第43回理事会	2000(平成12)年02月01日(火)	▶PDF	▶PDF	▶PDF
第44回理事会	2000(平成12)年03月23日(木)	▶PDF	▶PDF	▶PDF
第45回理事会	2000(平成12)年04月14日(金)	▶PDF	▶PDF	▶PDF
第46回理事会	2000(平成12)年06月12日(月)	▶PDF	▶PDF	▶PDF
第47回理事会	2000(平成12)年09月01日(金)	▶PDF	▶PDF	
理事懇談会	2000(平成12)年07月13日(木)		▶PDF	▶PDF
準備会合	2000(平成12)年07月24日(木)		▶PDF	
理事懇親会	2000(平成12)年09月01日(金)		▶PDF	▶PDF
第48回理事会	2000(平成12)年09月01日(金)	▶PDF	▶PDF	
第49回理事会	2000(平成12)年09月11日(月)	▶PDF	▶PDF	▶PDF
第50回理事会	2000(平成12)年10月11日(水)	▶PDF	▶PDF	▶PDF

理事/運審等合同懇談会	2001(平成13)年01月16日(火)	▶PDF	▶PDF	

※三者合同懇談会……理事・運営審議員・呼びかけ人の合同懇談会

第51回理事会	2001(平成13)年03月28日(水)	▶PDF	▶PDF	▶PDF
第52回理事会	2001(平成13)年04月23日(月)	▶PDF	▶PDF	
第53回理事会	2001(平成13)年05月22日(火)	▶PDF	▶PDF	▶PDF
第54回理事会	2001(平成13)年09月25日(火)	▶PDF	▶PDF	▶PDF
第55回理事会	2001(平成13)年10月17日(水)	▶PDF	▶PDF	▶PDF
第56回理事会	2001(平成13)年11月28日(水)	▶PDF	▶PDF	▶PDF
第57回理事会	2001(平成13)年12月17日(月)	▶PDF	▶PDF	▶PDF
理事会、運営審議会合同会議	2002(平成14)年01月22日(火)		▶PDF	▶PDF
第58回理事会	2002(平成14)年02月15日(金)	▶PDF		
第59回理事会	2002(平成14)年03月27日(水)	▶PDF	▶PDF	▶PDF
理事懇談会	2002(平成14)年04月16日(水)		▶PDF	
第60回理事会	2002(平成14)年05月14日(火)	▶PDF	▶PDF	▶PDF
第61回理事会	2002(平成14)年06月04日(火)	▶PDF	▶PDF	▶PDF
第62回理事会	2002(平成14)年06月24日(月)	▶PDF	▶PDF	
第63回理事会	2002(平成14)年07月15日(月)	▶PDF	▶PDF	▶PDF
第64回理事会	2002(平成14)年08月30日(金)	▶PDF	▶PDF	▶PDF
第65回理事会	2002(平成14)年11月07日(木)	▶PDF	▶PDF	▶PDF
第66回理事会	2002(平成14)年12月10日(火)	▶PDF	▶PDF	▶PDF

第67回理事会	2003(平成15)年02月5日(火)	▶PDF	▶PDF	
第68回理事会	2003(平成15)年02月21日(金)	▶PDF	▶PDF	▶PDF
第69回理事会	2003(平成15)年03月25日(火)	▶PDF	▶PDF	▶PDF
第70回理事会	2003(平成15)年06月09日(月)	▶PDF	▶PDF	▶PDF
理事懇談会	2003(平成15)年10月16日(木)		▶PDF	▶PDF
第71回理事会	2004(平成16)年01月27日(火)	▶PDF	▶PDF	▶PDF
第72回理事会	2004(平成16)年03月10日(水)	▶PDF	▶PDF	▶PDF
第73回理事会	2004(平成16)年03月31日(水)	▶PDF	▶PDF	▶PDF
理事・運営審議員との懇談会	2004(平成16)年05月18日(火)		▶PDF	
第74回理事会	2004(平成16)年06月16日(水)	▶PDF	▶PDF	▶PDF
第75回理事会	2004(平成16)年10月27日(水)	▶PDF	▶PDF	▶PDF
第76回理事会	2004(平成16)年12月10日(金)	▶PDF	▶PDF	▶PDF
第77回理事会	2005(平成17)年01月13日(木)	▶PDF	▶PDF	▶PDF
第78回理事会	2005(平成17)年02月14日(金)	▶PDF	▶PDF	▶PDF
第79回理事会	2005(平成17)年03月09日(水)	▶PDF	▶PDF	▶PDF
第80回理事会	2005(平成17)年04月08日(金)	▶PDF	▶PDF	▶PDF
第81回理事会	2005(平成17)年06月24日(金)	▶PDF	▶PDF	▶PDF
第82回理事会	2005(平成17)年09月9日(金)	▶PDF	▶PDF	
第83回理事会／第69回運営審議会	2005(平成17)年11月11日(金)	▶PDF	▶PDF	▶PDF

第84回理事会	2005(平成17)年12月16日(金)	▶PDF	▶PDF	▶PDF
第85回理事会	2006(平成18)年01月25日(水)	▶PDF	▶PDF	▶PDF
第86回理事会	2006(平成18)年03月10日(金)	▶PDF	▶PDF	▶PDF
第87回理事会	2006(平成18)年06月28日(金)	▶PDF	▶PDF	▶PDF
第88回理事会／第70回運営審議会	2006(平成18)年10月02日(月)	▶PDF	▶PDF	▶PDF
第89回理事会	2006(平成18)年11月06日(月)	▶PDF	▶PDF	▶PDF
第90回理事会／第71回運営審議会	2006(平成18)年11月27日(月)	▶PDF	▶PDF	▶PDF
第91回理事会／第72回運営審議会	2006(平成18)年12月18日(月)	▶PDF	▶PDF	▶PDF
第92回理事会／第73回運営審議会	2007(平成19)年01月11日(木)	▶PDF	▶PDF	▶PDF
第93回理事会	2007(平成19)年02月02日(金)	▶PDF	▶PDF	▶PDF
第94回理事会	2007(平成19)年02月13日(火)	▶PDF	▶PDF	▶PDF
第95回理事会	2007(平成19)年02月20日(火)	▶PDF		
第96回理事会	2007(平成19)年02月26日(月)	▶PDF	▶PDF	▶PDF
第97回理事会	2007(平成19)年03月06日(火)	▶PDF	▶PDF	▶PDF
第98回理事会	2007(平成19)年03月24日(土)	▶PDF	▶PDF	▶PDF

基金が制作した出版物やビデオ

アジア女性基金では、慰安婦問題と女性の人権問題に関わるさまざまな刊行物やビデオを発行してきました。リストにしたがって、アジア女性基金が発行した刊行物をダウンロードすることができます。ビデオは、「アジア女性基金の活動」についての1本(30分)を見ることができます。

◆ アジア女性基金について
- アジア女性基金ニュース
- アジア女性基金 の活動について

◆ 「慰安婦」問題
- 「慰安婦」問題

◆ 女性の人権
- 女性に対する暴力
- 女性と人権
- 子どもの性の商品化と搾取
- 女性と子どもの人身売買
- 女性移住労働者
- 援助交際
- ドメスティック・バイオレンス
- 女性と司法
- 武力紛争下での女性の人権侵害
- HIV/AIDS
- 支援のあり方

◆ ビデオ
- ビデオ

ビデオ

▶ 9点 (1/1) 1

タイトル	女性のためのアジア平和国民基金の歩み
著訳編者名	女性のためのアジア平和国民基金［編］
出版年	1996年
内容紹介	アジア女性基金設立の背景と目的、事業内容について資料映像や関係者へのインタビューをもとにしてまとめたものである。
録画時間	日本語版(18.30)　韓国語版(18.30)　英語版(18.57)　中国語版(18.30)

タイトル	「語りはじめた女性たち…」
著訳編者名	女性のためのアジア平和国民基金［編］
出版年	1997年
内容紹介	現代も続く女性への差別や搾取について、当事者の証言や映像をもとに問題を提起。
録画時間	30.00

タイトル	ふりかえれば未来が見える　問いかける元「慰安婦」たち
著訳編者名	女性のためのアジア平和国民基金［編］
出版年	1998年
内容紹介	韓国とフィリピンの慰安婦被害者たちの証言をまとめたもの
録画時間	日本語版(1.01.21)　短縮英語版(33.15)　短縮韓国語版(32.55)

タイトル	ドメスティック・バイオレンス　どうして私を殴るのですか
著訳編者名	女性のためのアジア平和国民基金［編］
出版年	1999年
内容紹介	全ての人々に夫やパートナーからの暴力（DV）の本質を問いかける。夫やパートナーから暴力的対応を受けた場合、それを犯罪として認識し、その危険から身を守るために、具体的にどのように対処すればいいのか理解できる。DVに詳しい弁護士の解説を中心に、初期対応マニュアル、東京都の行った実態調査、アメリカの実情などを紹介する。
録画時間	25.01

タイトル：	わたしを殴らないで
著訳編者名：	女性のためのアジア平和国民基金［編］

出 版 年：	1999年
内 容 紹 介：	アジア女性基金では、テレビ番組「わたしをなぐらないで」(テレビ東京 2000年3月26日16:00～16:54)を制作放映、ビデオ化したものである。
録画時間	30.00

タイトル	ドメスティック・バイオレンス 家庭内における女性と子どもへの影響
著訳編者名	女性のためのアジア平和国民基金[編]
出 版 年	2000年
内 容 紹 介	DVの本質を、専門性を加味しながらわかり易く解説している。DVが、女性や子どもへどのような影響を引き起こしているのかを具体的な証言や事例を通して示している。暴力の連鎖・PTSD(心的外傷後ストレス障害)・児童虐待・少年少女の非行や犯罪との関連性について、医療関係者、児童施設職員、研究者などの意見を交えながら対処法についても言及している。
録画時間	30.00

タイトル	いま、私たちの問題として 女性たちと戦争そして暴力～ アジア女性基金の活動から
著訳編者名	女性のためのアジア平和国民基金[編]
出 版 年	2000年
内 容 紹 介	アジア女性基金では、テレビ番組「いま、私たちの問題として 女性たちと戦争そして暴力」(CS・ケーブルテレビ・朝日ニュースター2000年10月7日(土)16:00～18:00)を制作放映、ビデオ化したものである。
録画時間	全3巻 第1巻(30.33)(映像はこちら▤) 第2巻(30.33) 第3巻(30.33)

タイトル	DV 子どもたちは、いま
著訳編者名	女性のためのアジア平和国民基金[編]
出 版 年	2000年
内 容 紹 介	アジア女性基金では、テレビ番組「DV 子どもたちは、いま」(テレビ東京 2000年12月24日16:55～17:20)を制作放映、ビデオ化したものである。
録画時間	28.00

タイトル	危機的状況にあるロラたちへの支援(フィリピンにおける償い事業)
著訳編者名	フィリピン社会福祉開発省制作/女性のためのアジア平和国民基金訳
出 版 年	2007年
内 容 紹 介	フィリピンでの医療福祉支援事業のフィリピン政府による総括
録画時間	20.33

▶ 9点 (1/1) 1

あとがき

　アジア女性基金、正式には平和のためのアジア女性国民基金は、私の内閣で1995年7月17日に設立した財団法人である。三代前の宮沢喜一内閣で出された河野洋平官房長官談話を継承して、そこで約束された「お詫びと反省の気持ち」を表現する方策を考えた末に決めたものだ。当の河野氏は自民党総裁として、私の内閣の外務大臣であった。官房長官五十嵐広三氏は社会党で戦後補償問題の中心になっていた人で、一生懸命になってよりよい道を求めた。さまざまな意見の対立を克服して、連立与党の合意をつくり出したのである。
　1995年8月15日、この日の朝の新聞各紙の全面広告で、アジア女性基金のよびかけ文と私のあいさつがのった。私は正午前に、敗戦50周年の総理談話を発表した。私の記憶の中で、村山談話とアジア女性基金は一つながりのものとしてのこっている。
　基金では、初代の原文兵衛理事長、有馬真喜子副理事長らが努力された。私は2000年になって、第二代の理事長に就任し、石原信雄副理事長とともに、2007年3月基金が解散するまで、働いた。基金は、河野談話に基づいて、慰安婦被害者に対して、お詫びと償いの事業を政府国民の協力で進めた。韓国と台湾では厳しい批判をうけ、望むような結果をえることができなかったが、フィリピンとオランダでは理解していただき、しかるべき結果がえられた。いずれにせよ、政府も基金の関係者も、誠意をつくして努力したと考えている。
　基金の解散時に和田専務理事が中心になって、デジタル記念館「慰安婦問題とアジア女性基金」を制作して、残した。日本の政府と基金がどのような考えにもとづいて、慰安婦問題にとりくんだか、アジア女性基金はいかなる活動をおこない、どのような結果をえたかをまとめ、資料とともに、公表した。同時代と後世のご批判を仰ぐためである。
　慰安婦問題は今日あらためて、日韓間で大きな問題として浮かび上がっている。7年前にインターネット上に出したデジタル記念館の内容をそのまま印刷することにしたのは、過去を検証し、現在の方策を考えるために役立ててほしいと思うからである。

村山　富市

　デジタル記念館「慰安婦問題とアジア女性基金」は2007年9月日本語版と英語版でネット上に公開したものである。このたび基金の関係者の合意により、日本語版を印刷することにした。合わせてネット上に韓国語版をアップすることとなった。日本語版の出版については、元アジア女性基金運営審議会委員長横田洋三氏にご協力をいただいた。ネット上の韓国語版の作成アップについては、外務省とも相談の上実現したものである。
　なおアジア女性基金の事業の内容はほぼすべてこのデジタル記念館におさめられているが、償い事業の国別実施人数だけは基金の解散時までに公表がなされず、ここにはおさめられていない。しかし、この点については、2014年3月にいたり、元専務理事としての私の責任で次の数字を公表した。韓国60人、台湾13人、フィリピン211人、そしてオランダ79人である。なお日本政府も本年6月2日の河

野談話検証報告書の中で、韓国61人に実施したと発表した。私の発表との違いは、基金からは61人に送金したのだが、1人からは受け取っていないという訴えが出たということがあり、その件を基金解散時までに正式には解決できなかったことに起因している。基金の実務に責任を負った者として甚だ申し訳なく思っている。

和田　春樹

　　デジタル記念館「慰安婦問題とアジア女性基金」（日本語版、英語版、韓国語版）をご覧になるには、いろいろな道があります。
　　直接であれば、http://www.awf.or.jp にアクセスして下さい。インターネット上のヤフー、グーグル、ニフティで「アジア女性基金」を検索すれば、デジタル記念館がすぐ見つかります。
　　外務省のホームページの中の「アジア地域」の関連リンクにも、アジア歴史資料センターのホームページのリンク集にも、アジア女性基金があり、それをクリックすれば、デジタル記念館を開くことができます。

デジタル記念館
慰安婦問題とアジア女性基金

2014年8月25日　第1刷発行

編者　村山富市・和田春樹

発行者　辻一三
発行所　株式会社 青灯社
東京都新宿区新宿1-4-13
郵便番号 160-0022
電話 03-5368-6923（編集）
　　　03-5368-6550（販売）
URL http://www.seitosha-p.co.jp
振替　00120-8-260856

印刷・製本　株式会社シナノ
© Tomiichi Murayama, Haruki Wada, Printed in Japan
ISBN978-4-86228-074-9 C0036

小社ロゴは、田中恭吉「ろうそく」（和歌山県立
近代美術館所蔵）をもとに、菊地信義氏が作成

村山富市（むらやま・とみいち）元内閣総理大臣、アジア女性基金理事長（2000－07年）。1924年生。1947年社会党入党、72年衆議院議員、93年日本社会党委員長、94年内閣総理大臣。95年村山談話を発表。

和田春樹（わだ・はるき）東京大学名誉教授、アジア女性基金専務理事・事務局長（2005－07年）。1938年生。歴史家。東京大学社会科学研究所教授、同所長を歴任。95年アジア女性基金よびかけ人、99年同運営審議会委員、2000年同理事。